Fashion Beauty

顧閃閃 等◎著

雅宋美人集

FASHION BEAUTY

瑞昇文化

PREFACE 前言

「和羞走，倚門回首，卻把青梅嗅。」

作為宋朝最具代表性的女詞人，易安居士寥寥幾筆，便將小女子的生動情態書寫到極致，這又何嘗不是那個時代的女子獨特氣質的寫照？

與唐朝女子的明豔張揚相比，宋朝女子更追求典雅含蓄之美。如果說唐朝的美人們敢愛敢恨，如滾滾江水；那宋朝的美人們便是機敏靈秀的象徵，如潺潺溪流。

「最會生活，最具雅趣」是宋朝女子引以為豪的特質。

宋朝女子愛打扮。她們頭戴花冠，畫珍珠妝，於細節處比拼時尚，早早地穿起了「高級訂製」，配色花樣無不充滿設計感。在經濟蓬勃發展的宋朝，即便平民女子，也擁有妝扮自己的權利。「黃昇墓」中出土的各色衣物，更是為宋朝美人們的衣櫃增添了幾分綺麗的猜想。

雅 宋 美 人 集

雅　　宋　　美　　人　　集

宋朝讀書的女子頗多，她們的文采也甚好。當時人們公認李易安、魏夫人這兩位才女，即便處於衣冠之列，也能與秦觀、黃庭堅爭雄，她們的才華也不只局限於閨閣。除此之外，點茶、插花都是宋朝女子的必修課。觀燈、品蟹、中秋賞月也是她們生活中不可或缺的一部分，大宋女孩於這一件件小小的風雅趣事中，漸漸學會了怎樣多愛自己一點。

提起宋朝女子，許多人眼前便會浮現出「大門不出，二門不邁」的傳統閨秀形象，彷彿這是一個女性不得不收斂鋒芒的時代。

但須知，她們之中不僅有風流無雙的絕世美人李師師，也有擊鼓退金兵的名將梁紅玉，亦有「生當作人傑，死亦為鬼雄」的才女李清照，更不用說權傾朝野、英明威嚴的女強人劉娥。從她們身上，我們看到了古代女性人生的各種可能。

逆風飛翔，不曾折斷她們的翅膀；戰亂風塵，掩不去她們的鋒芒。

她們的風骨，她們的情趣，她們對生活的熱愛，早已融入流淌的歲月中，成為兩宋三百載不可抹去的璀璨風華。

雅　宋　美　人　集

FASHION BEAUTY

CONTENTS

目—錄

BEAUTY

雅事集

美人錄

風俗記

Miaobi

第一章 妙筆

以千古第一詞人李清照為代表，
宋朝湧現出了一群通文墨、擅書畫的
閨中才女，她們通過筆下纖秀多情的
文字，聊寄心事，施展才華。

黃梅時節家家雨，青草池塘處處蛙。
有約不來過夜半，閒敲棋子落燈花。
——南宋・趙師秀《約客》

雅事集
YASHIJI

翰墨飄香，丹青溢彩

《夢梁錄》云：「焚香點茶，掛畫插花。四般閒事，不宜累家。」生在宋朝，要想修煉成一位合格的名門淑女，怎麼能不精通這些必修課？

焚香

平生飽識山林味，
不奈此香殊嫵媚①

—— 顧閃閃／文

歡迎光臨雅宋香鋪！

今日是本店的十周年店慶日，全場香炭七折起，進店即送上品乳香試用裝，大家走過路過不要錯過啦！

小店之所以能紅紅火火地開上這麼多年，得益於我們大宋百姓家家戶戶都有焚香的習慣，尤其是書香門第，更是將焚香與點茶、掛畫、插花並稱為日常生活中的「四般閒事」。

對於女孩子來說，焚香和梳髮化妝一樣，都是提升自己魅力值的小技巧。試想一位淑女靜立廳中，朱唇未啟，一縷冷香已嫋嫋襲來，豈不比濃妝豔抹更令人心折？

宋人愛香，卻不嗜撲鼻濃香，便如同茶湯清苦淡淡，宋人焚香，品的亦是「自然香氣」。在他們眼中，草木花葉，無不可拿來製香。時節不同，所焚香方也因時而變，春季最宜溫軟甜膩的「意可香」；夏季宜爇「沉香」，消溽暑；秋季少不了散火醒神的「瑞腦香」；冬日百花沉寂，更該點上一爐「返魂梅」，「香今政作依稀似，花乃能令頃刻開」，別有一番意趣。

當然，上面這些都是尋常氣味，真正低調奢華的香方莫過於「私人訂製」。黃庭堅、蘇軾等人都是製香界的宗師級人物，他們獨創的「黃太史清真香」和

---

① 出自楊萬里《燒香七言》。

「聞思香」搶手得很，回回都是一上架就被搶光。

宋人愛香，不僅體現在香方多樣，就連焚香的方式也很有講究，主要可以分為「篆香」和「隔火焚香」兩種。

篆香又被稱為百刻香，是將香料做成篆文形狀，點其一端，根據篆形走勢，徐徐燃盡。焚香人可以根據燃燒的進度估算時間，一香多用，風雅有趣而又充滿書卷氣。這種篆香留香持久，適合搭配茗茶丹經，於休沐日點上一盤，有益於放鬆身心，舒緩焦躁情緒。

與篆香相對的，是見香不見煙的隔火焚香。《陳氏香譜》中詳細記載了這種特殊的焚香方式。首先，焚香要選在深房曲室內，取一矮桌，將細瓷香爐置於其上，高度恰好與膝蓋齊平；而後點燃爐中香炭，在火上放置輕薄如紙的銀葉或雲母，讓爐底的香氣自然而然地滲透出來。

這樣焚出的香，香不及火，自然舒慢，無煙燥氣，是十分高級的做法，深受達官貴人們的喜愛。

宋朝大詩人楊萬里就曾在一首七言詩中，詳細描寫了一次隔火焚香的經歷。

他先是稱讚了盛香的容器，青瓷如玉，碧綠勝水，而後又誇焚香的火力不文不武，分外均勻。這爐香造價高昂，不僅以龍涎、麝香作為原料，更添加了沉香和檀香，焚燒之時，便如同一捧茉莉於空中綻放，香氣氤氳醉人。

寫到這裡，楊萬里筆鋒一轉：哎，我雖然誇了，但並不代表我喜歡這種奢靡的香氣，我就是點上，就是玩兒。你問楊萬里，那你最喜歡哪種香？楊萬里多半會回答：「勞駕，把我的木樨香拿過來。」

木樨，即桂花，這種隨處可見而又低調文藝的花香，飽含清淡的書生氣，十分符合宋人舒適而不張揚的生活態度。「草木真天香」是宋代文人焚香追求的最高境界，為此，他們還專門總結出了文人愛用的四種平價香料，分別是荔枝殼、甘蔗渣、乾柏葉和黃連，接地氣到了極點，還美其名曰「山林窮四合香」，大家可以買回去品一品，反正也不貴。

點茶

石輾輕飛瑟瑟塵，
乳香烹出建溪春

瑤華／文

　　今天的我們很難抵禦奶茶和咖啡的誘惑，但在宋人看來，茶，才是一千年前的飲品中，當之無愧的「C位」！無論是皇家豪門，還是市井小戶，都把茶看作日常生活裡不可缺少的一部分。

　　和我們今天在杯子裡扔點茶葉或是茶包，用開水直接沖泡的喝法不同，宋人喝茶，有著更講究的流程、更精密的手法。相較於唐代將茶末加入沸水烹煮、放鹽甚至蔥薑茱萸的「重口味」烹茶方式，宋人點茶，無論是茶、水還是器具，乃至用來烹煮的柴火，都要盡可能地彰顯格調，令人不由感歎：「怎一個精緻了得？」

　　點茶是宋朝茶藝的極致體現，連一國之君宋徽宗都沉迷其中，甚至親手為大臣展示自己的點茶才藝，還將多年來的點茶心得寫成了《茶論》，可能是古往今來唯一一個寫出茶藝專著的帝王。文人雅士更是將點茶視為風雅之事。具體要怎麼點？待我們從頭道來。

　　要點茶，當然得先有茶。宋人喝的茶一般加工成餅狀，有點像現在的普洱茶餅，都要用模具壓出精緻的花紋，其中最有名的是福建建安出產的「龍團鳳餅」。點茶之前，先將茶餅用乾淨的紙包起來，小心敲成塊，再碾碎，之後用特

製的茶羅①篩成細密的粉末。在這個過程中，茶末已經飄出了清雅的香氣。

除了精心加工茶，水的品質也不能馬虎。茶的最好搭檔 —— 水，以清澈甘甜的山泉為上佳，稍差一點兒也得是流動的活水。在選擇水方面蘇東坡可是行家，他曾經寫道：「活水還須活火烹，自臨釣石取深清。大瓢貯月歸春甕，小杓分江入夜瓶。」為了取得品質最好的水，蘇軾親自在月下從江中最深最清的位置將其舀出，做了一回「大自然的搬運工」。

煮好水、燙好茶具，讓茶盞保持溫熱的狀態，就進入了點茶的正式程序。

第一步調膏，是將茶末放入茶盞，加入少量開水，調成極其均勻的茶膏，就跟我們今天沖速溶咖啡粉差不多。

第二步點茶，在茶膏裡繼續注入燒開後略微靜置一會兒的熱水，邊注水邊用茶筅②攪拌，叫作「擊拂」。按照宋徽宗《大觀茶論》裡所說，這個過程共分為七個層次，注入的七次水叫「七湯」。每一湯的擊拂手法都不同，直到最後茶盞裡的茶充分調和，表面的浮沫細密如雲，才完成了一次完美的點茶。

有的點茶高手，甚至能夠通過擊拂讓茶湯上的浮沫形成山水、花鳥、人物等精巧的圖案。這些圖案被稱為「水丹青」，其製作技藝比現在的咖啡拉花不知高到哪裡去了。北宋時有個叫福全的和尚，能夠在注湯時讓茶湯表面的泡沫形成一句詩，點好四盅茶擺在一起，正好呈現出一首絕句，可稱技藝通神。

點茶當然也需要全套的趁手工具，通常由十二件組成，南宋人董真卿稱之為「十二先生」，它們各自也有別緻的名字：「韋鴻臚」是裝茶餅的，「金法曹」是碾茶的，「陶寶文」是茶盞……連用來清潔茶具的布巾都有自己的名字 ——「司職方」。

這些令人眼花繚亂的技巧和精美的工具固然令人歆羨，不過，宋朝著名隱士、以「梅妻鶴子」著稱的林逋③更喜歡清幽的風格。「石碾輕飛瑟瑟塵，乳香烹出建溪春。」他在詩中寫下自己的點茶場景，無論是碾茶、擊拂還是品嘗，都透露出一種隱居世外、不問凡俗的超然，在和靖先生的心裡，濁世少有知己，他只能在獨自點茶品茶時追想古人的風雅。

①羅即篩，茶羅指篩茶用的特製用具，由羅蓋、羅篩和羅底組成。
②茶筅，用來點茶的工具，由竹塊製作而成，用以調攪粉末狀的茶。
③林逋，字君復，後人稱為和靖先生，北宋著名隱逸詩人。

掛畫

詩畫本一律，
天工與清新

———— 瑤華／文

　　各位客官，走過路過不要錯過，小店出售的名家字畫品質大有保證，東坡先生和他的好友們就曾多次光臨敝店，您確定不進來看看？正所謂：「大宋人，藝術魂，不看畫不是大宋人。」

　　什麼？您來自八百多年後？想必在您的那個時代，看畫已經很容易了，想看隨時都能看，沒必要專門「掛」起來。但對宋朝人來說，「掛畫」更像是一種獨特的藝術消遣形式，既可以體現高雅的情趣，又能和好友們共同分享心得，交流平生所學，還被士大夫列為「四藝」之一呢！

　　最早的掛畫其實和品茶有著莫大的關係，當三五好友相聚、烹茶、品茗時，如果恰好得到了一幅名人字畫，便會將畫作掛在屏風上、牆壁上共同欣賞，品評畫作的用筆、主題和濃淡風格，或是討論畫中的詩意，聊一聊有什麼典故，後來便演變成了「掛畫」的習俗。僅僅是一張單獨的畫紙，恐怕掛起來不太容易，因此古畫都會裝裱好畫軸，方便人們隨時懸掛欣賞。

　　還有，掛畫不是隨隨便便就掛在牆上的。對宋朝的雅士淑女來說，欣賞掛畫是一種享受，也算是一門學問。珍貴的名畫如果掛在廳堂中，畫前要擺放一個小案几，起到「護畫」的作用，提醒觀者不能隨意靠近。案几上面可不能隨便放東西，只能放香爐、琴、硯，用淡淡的清香、悠悠的琴韻來彰顯畫作的

美。在這樣的社會氣氛下，出現了不少藏畫達人，有人收集的名畫甚至多達千卷，每一幅都能說得頭頭是道。但收集得再多，也不能一股腦兒全掛在家裡，那樣就和我們這些開書店的商賈差不多了，難免顯得有點庸俗。一間室內掛三四幅已經是極限，要以「少而精」為最終目的。

掛畫觀賞三五天後便要收起來換上新的，這不僅可以增加新鮮感，還可以避免畫軸放得太久出現受潮，或是掛在外面時間太長沾了很多灰塵的情況，可以說考慮得十分周到了！天氣太熱或者太冷的時候，也不適合掛畫，因為極端的氣溫、濕度對畫卷都會產生傷害。

對了，您如果對掛畫有興趣，不如再買一種特殊的工具吧！您看這根特製的長竿，頂端分叉，叫作「畫叉」，我們店的畫叉材質輕巧，做工結實。如果主人們在室外欣賞畫，就需要書童們一直舉著畫叉，在上面掛著畫作，也算是一件辛苦活兒了。為了便於在室外掛畫，畫叉上面還有一個特殊裝置，那就是從分叉處垂下來的兩條飄帶，叫作「驚燕」。您想想，如果在花下看畫的時候，忽然有鳥兒從旁邊飛過，落下泥巴或者鳥糞把畫弄髒，豈不是大煞風景？所以需要讓飄帶在風裡時時飄拂，把鳥及時嚇走才行。

一般來說，山水、花鳥等自然題材的畫作最受歡迎，人們認為在觀賞這些畫的時候，宛如身處林泉之間，盡享清幽之趣，能夠忘掉俗世中的種種不快。這我就要誇誇本朝大詩人東坡先生了，他不僅自己是書畫達人，也非常擅長評鑑他人的畫作。您看，這是我們傳抄的他關於觀畫心得的詩：「邊鸞雀寫生，趙昌花傳神。何如此兩幅，疏淡含精勻。誰言一點紅，解寄無邊春。」這首詩不僅精準地讚揚了畫者的畫風，其本人觀畫時的閒適心情也躍然紙上，正是「文以達吾心，畫以適吾意」，比起簡單的誇誇，格調要高多了！

在我們大宋，尋常百姓家也會享受掛畫的風雅之趣。如果普通人想與賓客共同感受一下掛畫的「高大上」，但又受限於文化水平不夠，不太懂畫，怎麼辦？我們特設的「四司六局」可以幫您忙，當然前提是要付出足夠的銀錢，之後會有專人給您送來臨時租借的名畫、屏風，順便還能幫您把環境佈置得充滿高雅的情趣，不過要小心談吐間不要穿幫喲！

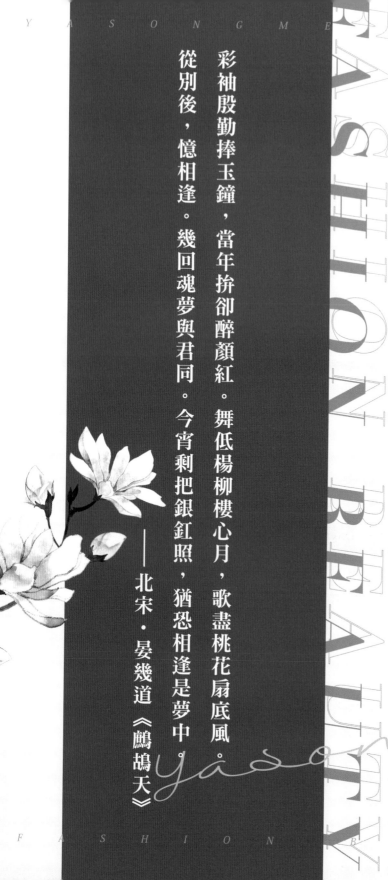

彩袖殷勤捧玉鐘，當年拚卻醉顏紅。舞低楊柳樓心月，歌盡桃花扇底風

從別後，憶相逢。幾回魂夢與君同。今宵剩把銀釭照，猶恐相逢是夢中

——北宋・晏幾道《鷓鴣天》

美人錄

MEIRENLU

驚才絕豔，雅人深致

- 犀利天后李清照
- 相府才女吳瓊
- 知名詞人魏玩

FASHION BEAUTY

FASHION BEAUT

李清照

文藝女青年的桀驁人生

Li qing zhao

婉約詞宗

辯論冠軍

酒賭兼修

知否？知否？應是綠肥紅瘦。

李清照 *jie ao*

文藝女青年的桀驁人生

南方赤火 —— 文

ONE
閨中年華

這是一個最好的時代,也是一個最壞的時代。

北宋末年,中國的經濟文化空前發達。儘管北方戰事陰雲密布,但暫時的和平條約給人們帶來了虛幻的安全感。尤其是宋徽宗即位之後,這個搞藝術比搞政治在行的文青皇帝,帶頭引領文化潮流。脆弱而綺麗的空中樓閣之上,誕生了無數精緻而風雅的奇人傳說。

李清照就出生在這樣一個時代。

愛好文藝的傳統士大夫李格非喜得貴女。他並沒有按照傳統的孔孟之道,把女兒教育成無才便是德的賢良主婦。

相反,從這個女子童年便展露出文藝細胞就能看出,她自小便受到了系統的文學教育,家中各種雜書任她翻讀。在家學薰陶和耳濡目染之下,李清照小小年紀「便有詩名,才力華贍,逼近前輩」。

北宋時期文壇群星閃耀,才子才女遍地走。李清照能以少女之身博此盛名,說明她確實有兩把刷子。不過,要是後人因此而認為,李清照就是個埋首書堆、板著臉的女學霸,那可謂謬之千里。

李清照風雅不假,然而她雅得出格,雅得叛逆。

比如，作為當時汴京官宦人家的千金閨秀，李清照最出名的愛好，既不是作詩填詞，也不是針黹女紅，更不是彈琴作曲，而是——飲酒。

在某個悠閒綿長的夏日，李清照與眾多閨蜜飲集往來。一群閨閣少女暫離了家長和社會教條的管束，各自帶來精緻的酒食，在花叢中盡情揮灑才情，歡聲笑語迴盪在荷花香氣當中。

不知誰提議：「來啊，咱們學古人，曲水流觴，飲酒行令呀！」

眾少女競相附和。宋朝酒文化空前發達：各王公府上都有家釀名酒，酒樓裡則出售品質過硬的招牌酒，譬如豐樂樓的眉壽、遇仙樓的玉液、忻樂樓的仙醪、大名府的香桂、河南府的醽醁香，還有鬧市裡便能買到的甘滑羊羔兒酒、鮮紅可愛的紅麴酒、果香彌漫的荔枝酒、色澤鮮豔的黃柑酒、葡萄酒……

溪邊小亭裡，俏麗清秀的少女們觥籌交錯、鶯聲燕語、行令鬥酒、率性娛樂，空氣中充滿了甜滋滋的醺醉味道。

這其中，李清照最無節制，飲得最多。等到日落時分，大家盡興而散，她已經是「侍兒扶起嬌無力」——快站不住了。

她登上自己的小船，可怎麼也找不到回岸邊的路。水面上鋪著大片大片的碧綠荷葉，粉白色的荷花開得正盛，深藍的天空染著蜜色的晚霞，霧氣瀰漫，遮住了她的目光。

醉後的少女最是倔強。她一意孤行地朝著花叢深處搖船，折騰一番，反倒吵醒了眠宿在灘邊的水鳥。撲啦啦，一時間鳥兒亂飛，李清照酡紅著臉，倚在船頭，嗅著荷花香氣，只能無奈微笑。

酒醒後，她把這樁趣事隨手記下，寫成了一首散發著酒氣的小令。

常記溪亭日暮，沉醉不知歸路。興盡晚回舟，誤入藕花深處。爭渡，爭渡，驚起一灘鷗鷺。

醉成這樣的糗事還不只一次。某一日，驟雨傾盆，打得花園中的草木簌簌作響。而李清照照例在房中飲酒消遣。酒意挑起細膩的情思，只為那宛若豆蔻少女般嬌弱的一花一木，百般憐惜和愁緒湧上心頭。她想，那株風姿綽約的海棠能否經得起狂風暴雨的摧殘？

可惜她醉得厲害，這念頭只是在腦海中盤桓一瞬，人就倒在了紗櫥裡一睡不醒。

等她迷糊睜眼，已是第二日天色大亮。侍女問她，小姐要吃什麼早飯，穿什麼衣服。她卻一概不理會，第一句話就是焦急地問：「外面那株海棠還好嗎？」

侍女當然莫名其妙，探頭往外瞥一眼，隨口應和道：「還在呀。」

酒意尚存的李清照當然不滿意這個過於敷衍的答案。她頭重腳輕地下了床，非讓侍女打開簾子，親自檢查。

「傻丫頭，」她嗔怪，「那海棠明明已是綠葉繁茂，紅花凋零，和昨天一點也不一樣了！」

昨夜雨疏風驟，濃睡不消殘酒。試問捲簾人，卻道海棠依舊。知否？ 知否？ 應是綠肥紅瘦。

酒中情趣，別緻恬適，風雅中不失俏皮，是這繁華盛世一隅的寫照。

TWO
賭書潑茶

時光飛逝，文藝少女談了戀愛，坐上了花轎，成了文藝少婦。

新婚丈夫是大她三歲的太學生趙明誠，同樣是個文藝青年。只不過他文藝的方向比較特殊：別人都吟詩作賦練書法，他卻醉心金石學，立志成為一名優

秀的考古學家。

兩家大人同朝為官，一拍即合，定下了這樁親事。

18歲的李清照成了趙夫人，從此開始相夫教子，洗手做羹湯了？

並沒有。她依舊是一個文藝而「獨美」的酒客。

趙明誠是太學生，平日裡在學校寄宿，每個月初一十五才能放假回家。小兩口新婚即異地，相思之情可想而知。

而李清照排遣相思的辦法，當然是喝一杯啦。

譬如這一日，她一邊思念丈夫，一邊在閨房裡自斟自飲。酒意湧上，沒來得及卸妝摘釵環就倒頭大睡。夜半她被梅花香氣熏醒過來，發現頭上插的梅花已經蔫萎。長夜漫漫，無計消磨，只得用手指搓揉著殘餘的花瓣，再發些呆罷。

夜來沉醉卸妝遲，梅萼插殘枝。酒醒熏破春睡，夢遠不成歸。

人悄悄，月依依，翠簾垂。更接殘蕊，更撚餘香，更得些時。

除了飲酒，青年時的李清照雅癖甚多。其中之一，便是「賭博」。

在《打馬圖序》中，李清照直言：「予性喜博，凡所謂博者皆耽之，晝夜每忘寢食。但平生隨多寡未嘗不進者何？精而已。」並且她還如數家珍地列舉了自己玩得精的各類賭博遊戲：「夫博者……且長行、葉子、博簺、彈棋，近世無傳者。若打褐、大小豬窩、族鬼、胡畫、數倉、賭快之類，皆鄙俚，不經見；藏弦、樗蒲、雙蹙融，近世廢絕；選仙、加減、插關火，太質魯任命，無所施人智巧；大小象戲、奕棋，又唯可容兩人；獨彩選、打馬，特為閨房雅戲。」

她把賭博歸為「閨房雅戲」，可見是看不上那種烏煙瘴氣的鄙俚博戲。在結婚之後，小兩口志同道合，又比較清貧，便發明了一種物美價廉的賭博方式：賭書潑茶。

小兩口喜歡讀書藏書，李清照博聞強識，記性超群。每次飯後一起烹茶的時候，她就和丈夫坐於書房，指著堆積如山的經史子集，一人問某典故是出自

哪本書、哪一卷、第幾頁、第幾行，對方若答中，就先飲茶。

李清照每每獲勝，都開心得舉杯大笑，沒想到不小心因此將茶水灑了一身，反而出了醜。

此事成為千古佳話，後人競相模仿。清朝才子納蘭容若便曾在悼念亡妻的詞中寫下了「賭書消得潑茶香，當時只道是尋常」之名句，寄託自己的思念之情。

此外，對於李清照夫婦來說，詩詞歌賦皆可入賭局。

她曾作《醉花陰》，中有「莫道不消魂，簾卷西風，人比黃花瘦」的絕妙好句。趙明誠好勝心切，閉門三天作詞五十首，拿給朋友點評，卻無一首能超越，可見才女占碾壓性優勢。

李清照不僅是位風雅的賭友，也是閨房中難得一見的豪傑。

結婚之後，李清照受她文青丈夫的帶動，也開始搞收藏。

趙明誠醉心金石學，也就是收集研究「金石」—— 上古的青銅器、石鼓文之類，算是個比較冷門的愛好。

金石學需要有研究材料，收藏書籍古玩是必須的。李清照很快成為一名金石學的資深專家。

趙明誠在太學讀書，每當初一十五放假回家時，別的小兩口或在家享受閨房之樂，或出門春遊，或小酌聽戲；而他們夫妻倆呢，卻有一項雷打不動的活動 —— 逛街。

所謂的逛街不是買胭脂水粉，也不是購置錦衣華服，而是逛大相國寺。當時的寺院兼有公共職能，定期開放攤位用以買賣交易，時人稱為「萬姓交易市場」。

市場裡賣什麼呢？種類繁多，應有盡有。

每逢開市，安貧樂道的小兩口往往會先去當鋪典質幾件衣物，換點零花錢，然後一頭栽進市場裡的古籍文物攤子，搜集金石書畫，再帶回家共同研究。李清照在《金石錄後序》中這樣寫道：「每獲一書，即同共勘校，整集簽題，得書、畫、彝、鼎，亦摩玩舒卷，指摘疵病，夜盡一燭為率。」

可見金石之坑深似海，入坑之後李清照連覺都不睡了。

後來，趙明誠走上仕途，夫妻倆經濟狀況好轉，但依然不見大富大貴。兩人「食去重肉，衣去重采」，節衣縮食省下來的零花錢全都用來填補「窮遐方絕域，盡天下古文奇字之志」。

青州古城是古代齊國的核心地區，古文物俯拾即是。作為收藏家，小兩口可謂老鼠掉進米缸，研文治學，其樂無窮。

他們收集藏書，甚至通過親友故舊，想方設法借來朝廷館閣收藏的罕見珍奇孤本秘籍，「盡力傳寫，浸覺有味，不能自已」。遇到名人書畫、珍稀古物，他們更是不惜「脫衣市易」。

有一次，有人拿來一幅南唐畫家徐熙的《牡丹圖》，開價二十萬錢。兩人愛不釋手，可惜湊不起那麼一大筆錢，只能忍痛割愛，惋惜了好幾天。

李清照將自己的書房命名為「歸來堂」，取義於陶淵明《歸去來兮辭》，又以《歸去來兮辭》中「倚南窗以寄傲，審容膝之易安」一句，取其中之雅意，自號「易安居士」。

在這段時間裡，趙明誠完成了著作《金石錄》，李清照「亦筆削其間」，幫助他輯集整理，並將這段日子記載在《金石錄後序》中。

這種夫妻恩愛的小資生活，放到一千年後可能司空見慣。然而在當時的很多人眼裡，李清照的日子，過得可謂有點太舒坦了。

因為她沒生孩子。

不知是什麼緣故，總之小兩口一直膝下無子。放在那時候，這可是女方的七出之罪。

對比一下同時期的才女唐琬。她和大詩人陸游是青梅竹馬的表兄妹，成婚之後夫唱婦隨，伉儷情深，卿卿我我地賞析詩詞，寫點小調什麼的，也相處得不亦樂乎。

但倆人沒生孩子，陸游的媽就看不下去了，天天找碴數落唐琬，話裡話外覺得這個兒媳婦不合格。陸游不敢跟母親作對，只能偷偷買個別院，把唐琬像安置外室一樣送進去，兩人偷偷摸摸地鵲橋相會，成了苦命鴛鴦。

後來，陸游和唐琬更是被迫離婚，這才有了《釵頭鳳》的淒美故事。

二人「意難平」的愛情引得世人唏噓嗟歎，但沒人覺得陸游休妻休錯了，大家只是覺得天意弄人，如果唐琬能生幾個孩子，所有悲劇都可以避免。

而李清照也面臨同樣的困境，但她卻並沒有重複唐琬的悲劇。也許是因為她的個性剛烈，也許是由於她老公趙明誠比陸游給力點，總之小兩口扛住了衛道士的責難，始終沒有分開。

兩人還時不時地流出各種秀恩愛的小令。比如：

晚來一陣風兼雨，洗盡炎光。理罷笙簧，卻對菱花淡淡妝。
絳綃縷薄冰肌瑩，雪膩酥香。笑語檀郎，今夜紗廚枕簟涼。

和風細雨的夏日傍晚，浪漫一曲結束，小娘子對鏡梳妝，換上薄衫，笑著對心上人說，今晚的枕席很涼快哦。這是很多女詞人都不敢大膽表露的懷春之作。

又比如：

暖雨晴風初破凍，柳眼梅腮，已覺春心動。酒意詩情誰與共？淚融殘粉花鈿重。

乍試夾衫金縷縫，山枕斜欹，枕損釵頭鳳。獨抱濃愁無好夢，夜闌猶剪燈花弄。

小娘子于弄燈花，牽掛愛侶，心裡還想著和他一道飲酒作詩、情誼纏綿的片段——又是飲酒。小兩口過著情趣小日子的時候，看來沒少喝酒。

當然後人會推測，士大夫家庭成長出來的、熟讀孔孟之書的趙明誠，對於膝下無子的事實會不會抱有遺憾，會不會想過納妾，會不會對妻子產生怨言……

但我們沒機會知道這些了。歷史不容人假設。滾滾浪潮夾著泥沙襲來，將李清照夫婦的小資生活沖得粉碎。

公元1127年，「靖康之變」爆發。北方的金國以迅雷不及掩耳之勢大舉南侵，俘獲宋徽宗、欽宗父子北去。承平日久的北宋措手不及，王公貴族毫無戰力，早晨他們還沉浸於文恬武嬉的風雅之中，晚上便做了亡國的階下囚。

外有兵馬入侵虎視眈眈，內有奸佞橫行人心惶惶，戰爭的陰雲迅速席捲全國。

這年李清照44歲。她不得不和丈夫分頭南渡。

如果生活是一片無限延長的剪影，那麼李清照大抵會從一個興趣奇特的風雅少女，成長為一個學識淵博而富有生趣的風雅「御姐」，每天喝喝酒，賭賭茶，盤點一下收藏品，繼續她特立獨行的一生。

而如今，她背負國仇家恨，只能獨自回到青州歸來堂，著手整理遴選家中的收藏品。

這是她和丈夫二十多年來苦心經營的成果。每一卷書畫她都曾過目，每一件古器她都記得來源。厚重的碑文印拓，似乎還承載著夫妻倆深夜研讀時的會心笑聲。這是一個小小的文明博物館，帶著千百年來華夏大地的光輝靈氣，對她來說，不僅是收藏，更是朋友、是師長、是靈魂中不可或缺的一片。

然而時間緊促，藏品太多，她一個女子，不可能把整個博物館搬走。

於是她只好忍痛割愛，先捨棄非孤本的書籍，又放棄多幅書畫，再略過無款識的古器。最終經過她反覆挑選的精品中的精品，尚且裝了十五車。至於剩下的藏品，她將它們鎖在十餘間房屋裡，希望日後能夠返回，用船運走。

可惜當年十二月，青州兵變，剩餘書冊藏品盡皆被毀。李清照身邊的所有財產，只剩這十五車精華。

文藝女青年化身守護苦旅人，保護這十五車書籍器物，毅然踏上南渡的旅途。

行至鎮江時，恰逢鎮江府陷落，守臣錢伯言棄城而逃，而李清照卻以其大智大勇，在兵火連綿中保全了這批稀世之寶，於建炎二年（公元1128年）春，抵達江寧府，和丈夫團聚。

夫妻的生活軌跡並沒有重新交織。次年，趙明誠罷守江寧，和千千萬萬北宋地方官一樣，做了逃兵。而後他赴任湖州，獨身而去，將家人和財產都託付給李清照，任她在戰亂中自善其身。

臨別時他囑咐：如果戰事緊急不得已，先棄輜重，次衣被，次書冊卷軸，次古器，剩餘的最貴重的宗器者，如果保不住，你要與之共存亡。

聽了丈夫的囑託，李清照有些不認識眼前的丈夫。那個節衣縮食也要追求理想的蓬勃少年，已經淪落成一介俗人，他的愛妻，他喜愛的收藏，都可以丟在身後。

她含淚答應了。因為這些收藏，如今也是她的身家性命。

趙明誠很快病逝，但李清照沒什麼時間感悼傷懷。她擦掉眼淚，顛沛流離，繼續護送那十幾車古玩珍品。

國破，家亡，夫死，己孤。她追隨趙構逃亡的路線南渡，經越州、明州輾轉至奉化、台州，又從溫州返回越州……途中她時常陷入亂軍包圍，冷硬的刀矛弓箭追在她身後。

在逃難的過程中，珍貴的收藏品一點點丟失、被盜、焚毀……甚至有人趁火打劫。

一次她借住在紹興一戶姓鍾的人家。夜逢盜賊，盜走了她的五箱古玩字畫。李清照心痛之餘，只能出高價懸賞，期待能贖回字畫。幾天後，竟然是她的房東拿著字畫前來領賞，李清照這才意識到，房東監守自盜，欺負她這個無依無靠的外地女人。

最後李清照的手裡只剩下一點輕便書籍，但她仍期望和南宋朝廷會合，為其找個穩妥的歸宿。

可南宋小朝廷懦弱妥協，新皇帝趙構苟且偷安。昔日在汴京笙歌燕舞的皇親國戚王公重臣，到了江南仍繼續他們花天酒地的生活，甚至覺得這邊風景獨好。

有人認命，有人不滿，有人不敢置喙。不少男性文人投入新朝廷，為如何「維繫和平」而出謀劃策。

然而一生叛逆的李清照，獨獨敢於直抒胸臆，慨歎國破家亡之仇。

不知何時，她的詞風悄悄變化。那些匠心獨運的小清新消失了，文字中的積澱和氣魄浮出水面。

她說：

生當作人傑，死亦為鬼雄。至今思項羽，不肯過江東。

也許在寫下這首絕句的時候，她想起了自己的丈夫。儘管志趣相投，琴瑟和鳴，但她始終知道，她和他不是一樣的人。

如今藏品盡失，賭友也離她而去。她依舊在飲酒，時常孤獨自醉。她憑欄遠眺，看到的是山河破碎，落葉黃花。她唯有借酒澆愁，才能暫時排遣抑鬱孤寂的心情。

臨高閣，亂山平野煙光薄。煙光薄，棲鴉歸後，暮天聞角。
斷香殘酒情懷惡，西風催襯梧桐落。梧桐落，又還秋色，又還寂寞。

風柔日薄春猶早。夾衫乍著心情好。睡起覺微寒。梅花鬢上殘。
故鄉何處是。忘了除非醉。沉水臥時燒。香消酒未消。

但，即便零落至此，當幸福層層剝落，「興盡晚回舟」的日子一去不復返，

李清照也沒有放棄對美好生活的追求。亂世中一個弱女子難以獨善其身,心術不正之徒時刻覬覦她剩下的那些隨身珍寶。

她再次做出一個驚掉世人下巴的決定:再婚。

FOUR 所托非人

在媒人嘴裡,張汝舟是個善良上進的經濟適用男。

他雖然出身寒微,但甜言蜜語信手拈來,估計外貌也很加分,言談舉止也像個正人君子。李清照雖是才女,卻不染世俗,沒看透他的真面目,覺得下半輩子有個依靠也挺好。

少年夫妻的回憶依然鮮活,但人總要向前看。

既無父母之命,也無媒妁之言,可想而知,這樁婚姻要承受多少世俗的壓力。

這可是注重禮教的宋朝。雖然還未發展到極端的「餓死事小失節事大」的程度,但是一個體面官宦女眷「二適」,鐵定會讓一群老夫子感到十分不適。

世風日下啊!一個年近五十的「老嫗」還妄想男人,還是公眾人物,還是才女,居然晚節不保,給世界上的小姑娘樹立了多麼惡劣的榜樣!

李清照面對親朋好友的勸阻,一意孤行。跟世俗作對她是熟手,反正當年發表曖昧小詞作的時候,這些詆毀她也沒少聽。

誰知成婚了才知道,張汝舟非但不感激李清照勇於反抗禮教,反而隔幾天就旁敲側擊地問:「愛妻啊,妳收藏的那些古董字畫,是不是很值錢,都藏在哪兒呢?放在妳手裡不穩妥,不如交給為夫保管吧。」

這種舉世難求的古籍珍品,怎麼能隨便交給不識貨的人呢?即便他是自己的丈夫。李清照可不懂什麼「嫁雞隨雞」。而且《金石錄》還未編輯整理,這些古董又怎能隨意處置。

一次兩次還好,經過再三再四的拒絕後,張汝舟耐心消失,開始對李清照

惡語相向，甚至拳腳相加。

李清照很快意識到，婚前這人的溫柔體貼、志同道合完全是裝的。他一開始就是衝著她身邊這些珍玩來的！

可惜當時沒有婚前協議，張汝舟以為李清照帶著不少價值連城的寶貝。其實大多數藏品都已經在戰亂中遺失了。僅存的那些，被她保護得很好，不讓他奪走。

騙婚男張汝舟惱羞成怒，徹底露出真面目，開始家暴。那時候女人平均壽命都不長，他大概想著，李清照已近「晚年」，早點離世，遺產就能都歸自己。

換成當時其他女子，大都會選擇忍氣吞聲：自己年紀大了禁不起折騰，誰家沒有點雞毛蒜皮的事，忍忍就過去了。

雖然李清照這次嫁得倉促，但她並不糊塗，懂得及時止損，於是她立刻提出離婚。

張汝舟當然不會同意，並且沾沾自喜地威脅她：「官府不會管的！妳再出去丟人現眼，小心我打死妳！」

官府果然不管。古代的婚姻可不像小說裡寫的，隨隨便便就能和離，「一別兩寬各生歡喜」。理論上，只有女方犯了「七出」之罪，比如不孝、無子、出軌，丈夫才能提休妻；又或是「義絕」，比如毆打對方的近親屬，此時不管雙方意願如何，官府都會強制判離。

而妻子僅因丈夫「打老婆」，就想要主動提出離婚，沒門。

地方官深情勸慰，言辭不外乎「忍忍就好」、「要守婦道」、「名聲要緊」……

李清照離婚之心堅決，當即改換思路，檢舉了張汝舟「妄增舉數入官」—— 也就是當年科舉弄虛作假。地方官驚呆了。

「夫人您清醒點，雖然丈夫犯罪妻子可以離婚，但妻告夫，無論對錯，都要坐牢兩年的呀！就算把他告倒了，您以後的名聲怎麼辦，誰還娶妳呀？大才女坐牢，後人都要笑話妳的呀！」

李清照不為所動，低頭在訴狀上按手印。

她這一輩子桀驚慣了，比起和一個市儈小人共度餘生，她寧肯在監獄裡消磨日子。

最後證據確鑿，於是張汝舟被削去官職，流放外地，從此不知所蹤。

李清照終於順利離婚，然後從容去坐牢。

此時，半生積攢的名氣終於起了點作用。她有個親戚兼書粉叫綦崇禮，當時是翰林學士，他趕緊出面干涉求情。李清照最後只坐了九天牢，就得以重獲自由。

當然，後世衛道士，尤其明清時的文人，對「才女二嫁」一事堅決不能接受，反覆考證認為她並沒有失身。這筆墨官司打了許久，但毋庸置疑的是，不管李清照嫁還是沒嫁，都無損她在文壇歷史上的聲譽和才名。

不過，鬧這一遭，李清照自己也身心俱疲。但她的生活意志並沒有消沉，創作熱情依然旺盛。

她為出使金國的使臣送行，寫出了「欲將血淚寄山河，去灑東山一抔土」的豪邁詩句；她作《題八詠樓》，悲宋室之不振，慨江山之難守，格局上壓倒眾多鬚眉；她寫完了《金石錄後序》，並將趙明誠遺作《金石錄》校勘整理，表進於朝，作為對亡夫最後的紀念。

她甚至寫就了《打馬圖經》並《序》，雖語及遊戲博弈之事，卻以棋局比喻政局，借「打馬」寓表心志；借古代名人豪賭的典故，表達自己篤目時艱，暗諷當權；借「老矣誰能志千里，但願相將過淮水」之感，抒發渡江回鄉的壯志。

然而，直到終老，李清照也沒有機會重回故土。她在那個婉約精緻的江南，走完了自己率性而綽約的一生。

李清照最後一次出現在公眾視野，還是因為一個姓孫的小女孩。

當時李清照已是暮年，親友家裡有個十來歲的小女孩，聰穎過人，天真機敏，讓李清照想起了少年時期的自己。

無兒無女的李清照當即動了收徒之心，問她願不願意跟著自己學詞賦，做她的傳人。

誰知小姑娘雖是名門淑女，卻一如李清照當年的叛逆，當即回敬：「才藻非女子事也！」

不管小孫姑娘是真心還是想偷懶，這句脫口而出的大道理，大概把李清照噎出一口老血，從此絕口不提此事。

小孩子的三觀來源於父母。這話大抵是父母教的。旁人縱然稱羨李清照的才情，但暗地裡，焉知沒有竊竊議論，說她不務正業，為了舞文弄墨而荒廢婦德修養，因此才晚景淒涼。

果然，據說小孫姑娘的父親得知此事後，很為自己的女兒自豪，親手抄了幾十篇古代女性的女德事蹟，小姑娘「日夜誦服不廢」，一點也不偷懶。

時過境遷，小孫姑娘嫁人生子，「奉事公婆姑嫂至孝至誠，撫養子女慈嚴並舉」，安穩地度過了一生。陸游跟她家沾點遠親，應邀給她寫了篇墓誌銘，把她少女時代「拒絕易安居士」之壯舉，作為她平生最光輝的成就，洋洋灑灑地寫了出來。

這也是小孫姑娘留在歷史上唯一的痕跡。

自一葉而知秋。大約直到被「後浪」不留情面地懟了這麼一句，李清照才真正意識到，那個才女如雲，無憂少女盡情嬉游、放歌飲酒，寫遍閭巷荒淫之語的風雅時代，已經一去不復返了。

李清照

人物資料卡

李清照（1084年－1155年），號易安居士，齊州章丘人。她是宋朝公認的第一才女，詞風婉麗，不拘於時，是婉約派的代表人物。

李清照出身書香門第，自幼聰穎，少女時期就表現出了超群的才華。公元1101年，十八歲的李清照在汴京與太學生趙明誠成婚，婚後二人情投意合，又都醉心於金石收藏。

靖康年間，金人大舉南侵。當時國勢日急，為保存趙明誠所遺留的文物書籍，李清照派人運送行李投奔身在洪州的親人。不料戰事又起，李清照在途中陷入亂軍的包圍，大量文物也遺失在此次戰亂中。李清照只好攜帶少量輕便的書帖典籍倉皇南逃。顛沛流離中，又有大半文物丟失。

孤苦無依的李清照走投無路，只得再嫁張汝舟。張汝舟卻覬覦她手中珍藏，幾番討要不得，竟對她拳腳相加。李清照忍無可忍，告發張汝舟營私舞弊、虛報舉數騙取官職的罪行，與之離婚。

但宋代法律規定，妻子狀告丈夫，不論緣由如何，都要被判處兩年監禁。李清照剛逃出魔爪，又身陷囹圄，後經翰林學士綦崇禮等親友的大力營救，才於關押九日後獲釋。

李清照是中國古典文學史上有崇高地位的才女，她的作品感情真摯，內容豐富，既有少女時期的純情懵懂，又有婚後的纏綿真誠，亦不乏對國恨家仇的鏗鏘之音。她跌宕的人生、率真的性情伴隨著這些纖麗的文字，與時光一同不朽。

吳瓊
深夜茶話會

Wu Cong

潔癖十級

烹飪達人

愛王安石

待得明年重把酒。攜手。那知無雨又無風。

shen ye

吳瓊家的深夜茶話會

—— 纖纖月/文

夜深人靜，萬籟俱寂，當朝宰輔王安石和夫人吳瓊都已進入了夢鄉，就連家養的小白貓都睡得迷迷糊糊。但月光之下，一場特別的茶話會，正在王家宅院內悄悄上演……

◆ 主持人：吳瓊家的大茶壺 ◆

大家都到齊了嗎？小茶杯、小澡豆你們湊過來一點，今天我們要聊些要緊的事情。

不知道你們聽說了沒有，最近汴京城中，流傳著一個天大的謠言。不知道是哪裡鑽出來一群好事者，他們看我家吳夫人這麼愛乾淨，而王相公又有點不修邊幅，就暗自揣測倆人的感情狀況。眼下朝野上下都在傳，說我們「瓊石夫婦」不是真心相愛，只是一對「表面夫妻」。

他倆的感情怎麼樣？外人不知道，我們還不清楚嗎？大家快來評評理，講講你們眼中的「瓊石夫婦」，聊聊你們目睹的那些恩愛現場！

◆ 發言人：吳夫人的小木梳 ◆

我先說！「瓊石夫婦」感情不好，那可純屬胡說八道，但那些人有一點沒說錯，這兩個人的確一個有點小潔癖，一個卻是大邋遢。月老竟將這兩人的紅線

牽在一起，只能感歎緣分可真是妙不可言。

先說說吳瓊精緻仙女的那一面吧。有一次，精通女紅的吳瓊為家人做綢緞衣服，做完後隨手把衣服放在提籃裡。好巧不巧，倉庫裡捉老鼠的貓趁家人不備，偷偷溜進了臥室，在提籃裡踩了好幾腳，好看的衣服上立刻多了幾道黑色的小梅花。這可把吳瓊氣壞了，她直接把籃子和衣服丟出門外，又派人把髒貓清洗一遍後趕回了倉庫。

與此形成鮮明對比的是邋遢鬼王安石。

熙寧年間，王安石和王珪同在相府。某一天上朝議事時，一隻蝨子大搖大擺地沿著王安石的衣領爬上他的鬍鬚，滿朝文武都憋紅了臉，又尷尬又想笑，就連宋神宗趙頊也在看到後忍俊不禁，只有王安石渾然不覺。

退朝後，王珪趕緊追上王安石，將此事一五一十地告訴了好友。王安石聽後十分尷尬，伸手想捉住鬍鬚上的蝨子，卻被王珪攔住：「這可是爬過宰相鬍鬚，被皇上觀覽過的極品蝨子，怎麼能輕易去除呢？」王安石哈哈大笑，便也不甚在意了。

最近還發生了一件窘事，更是好笑。王安石在朝中的後輩呂惠卿看王安石面色發黑，出於對前輩的關心，在某天下朝後，委婉地塞給他一大包洗臉用的園菱。

王安石既沒有生氣，也沒有接受，只是十分傲嬌地說：「我天生臉黑，園菱沒有用！」可但凡他多洗洗臉，哪會像現在這麼黑呀？

發言人：小獾仔的大澡盆

哈哈哈哈哈哈！我先笑為敬！

作為王安石的澡盆，在主人不愛洗澡這件事上，沒有人比我更有發言權。

①《萍洲可談》：荊公吳夫人有潔疾，其意不獨恐污己，亦恐污人。長女之出，省之於江寧，夫人欣然裂綺縠製衣，將贈其甥，皆珍異也。忽有貓臥衣笥中，夫人即叱婢揭衣置浴室下，終不肯與人，竟腐敗無敢取者。

王安石小名叫作「獾兒」，他簡直人如其名，是十分可愛的小動物。可惜這只獾仔不愛洗澡，不然一定很好擼毛，就很氣。

吳瓊作為定期投餵獾仔的飼養員，每天下了不少工夫哄炸毛獾去洗澡呢！

發言人：王安石的舊床墊

可不是嘛！你們還記得藤床老弟嗎？

當時王相公正在外地做官，衙門裡有一張特別舒服的藤床，吳夫人很喜歡這張藤床，坐在上面和丈夫一起讀書下棋幾乎成了她的習慣。所以任期結束時，吳夫人就很希望丈夫能夠買下藤床，把它一起帶走。

但王安石為官清正，不願因為一張藤床惹人非議。但他又不想和夫人吵架，遂靈機一動，故意把自己搞得滿身泥水，一屁股坐在藤床上。

果不其然，吳夫人立即一臉嫌棄地走過來，抱怨道：「這藤床不能要了！」王安石才心滿意足地笑了。

發言人：吳充送的新衣服

為什麼明明大家是在吐槽王相公的個人衛生，我卻嗅到了糖的氣息？

但也多虧王安石不修邊幅，我才能來到這個大家庭，和你們一起談天說地。

記得那是一個夏天，我的前主人吳充被王安石身上的氣味熏得實在受不了，決心趁著他來自己家做客的機會幫幫他，二話不說，帶上共同好友韓絳，架起灰頭土臉的王安石，連哄帶嚇地把他塞進浴室，又把乾淨的衣物放在盥洗室，才安心地去洗澡。事了拂衣去，深藏功與名。

乾乾淨淨的王安石穿著我這身乾淨衣服，回到家後還對著夫人念念叨叨，

①《萍洲可談》：王荊公妻越國吳夫人，性好潔成疾，公任真率，每不相合。自江寧乞骸歸私第，有官藤床，吳假用未還，吏來索，左右莫敢言。公一旦跣而登床，偃仰良久，吳望見，即命送還。

抱怨朋友們「威逼利誘」他去洗澡的「悲慘經歷」。

　　吳瓊當時強忍笑意，滿口答應要替他「討回公道」，心裡卻不知有多感謝這兩位同僚：終於有人能幫忙讓王安石乖乖去洗澡了，執拗的炸毛獾我一人實在是應付不來！為了答謝這二位，吳夫人還十分豪爽地下了多次請帖，親手烹飪了豐盛的大餐，來犒勞兩位非常願意透露姓名的好心人。

發言人：王安石的小筷子

　　珍藏影片我也有啊！我來給大家投餵一塊名叫《人生樂在相知心 .avi》的小甜餅。

　　王安石先生因為過於豪放不羈，常常鬧出些無傷大雅的小笑話。從在賞花釣魚宴上誤食魚餌，到吃完石蓮後咬齧到手指，再到喝茶時把生茶放進杯子裡，他是個不折不扣的「糙漢子」。

　　在家時王安石從不為俗事纏身，因為自有精緻的夫人事無鉅細地為他打點好一切。

　　吳瓊是生活中的有心人。剛剛步入婚姻時，她發現丈夫的口味多變，時而食葷，時而吃素，並且每頓飯只挑一道菜下手。經過多日觀察，吳夫人得出了一個重要結論：「王介甫連吃飯時都在不停地思考，只顧得上吃最近的一盤菜。」

　　為了讓王安石吃得營養均衡、葷素搭配，吳夫人會精心做一個大雜燴擺盤，並把擺盤放在王安石面前的位置，以便丈夫吃到這頓飯的每一道菜。

　　雖然王安石是一個吃飯時頭也不抬的合格「幹飯人」，但是他在飯後也會對夫人的手藝大吹大擂。一日兩人三餐，就是生活中的小確幸，每天夫婦二人心裡都暖洋洋、熱乎乎的。

　　某一次有位客人和吳夫人探討「王安石飼養秘籍」，說王介甫特別喜歡吃鹿肉，上次吃飯瞅準了這一盤菜夾。吳夫人一聽就明白是怎麼回事，玩心大起

想要整蠱丈夫，於是和客人說：「鹿肉是不是離他最近的那盤菜呀？下次換一道菜放在他正前面吧！」

又過了一段時間，客人拜訪時驚訝地說：「這次我們把鹿肉換了一個地方，介甫竟然看都不看一眼。」吳瓊不緊不慢地揭開謎底：「介甫從來不挑食，只吃面前最近的那一盤菜。」賓客們恍然大悟，紛紛朝吳瓊豎起大拇指，「原來如此，吳夫人有一雙慧眼啊！」

吳瓊就是這般集美麗和才華於一身的女子，她溫柔體貼，活潑俏皮，試問這樣的女子誰人不愛？

◆ 發言人：司馬光送的古籍 ◆

王安石是出了名的愛讀書，思考時眼睛炯炯有神，人人誇讚他「目睛如龍」。聽我的前主人「抱怨」，思考中的介甫只能接收到來自吳夫人的訊號，把他們這些朋友發送的訊息統統屏蔽掉。

後來據我觀察發現，王吳夫婦十分般配，都是嗜書如命之人，一旦走入書中的世界，便無暇顧及其他。

某一次看文藝匯演時，吳夫人神遊天外，心不在焉，時而蹙眉，時而歎氣，別人放聲大笑時她依舊一臉嚴肅。大家一致認為，表演不夠精彩絕倫，不合吳夫人心意；又暗暗嘆服，吳夫人審美水平出眾，凡俗之物入不了眼。

到了劇情最緊張激烈的時刻，別人都眉頭緊鎖，為主人公擔憂時，吳夫人在桌子上用茶水貌似隨意地畫了幾筆，拉了拉王安石的袖子示意他來看。王安石看過後突然拊掌大笑、高聲叫好，頓時成了觀眾目光的焦點。

吳夫人有些不好意思，以帕掩面輕聲解釋道：「介甫前幾日與我談論一個問題，當時我們苦思冥想都沒找到答案。今日我靈光乍現，在桌上記下思路，讓介甫品評一番。沒承想驚擾到大家，真是深感抱歉。」王安石十分靦然，愧疚不

已地撓撓頭，「夫人的解釋實在太精妙了，我才不由自主地鼓掌叫好。」

世界上大概只有吳夫人和王介甫的對講機可以隨時隨地互相聯繫吧，哈哈哈。

◆ 發言人：吳才女的小毛筆 ◆

雖然瓊石湊在一起，經常是爆笑的情景喜劇，但他們之間也常有浪漫時刻。

王安石的書法自成一派風流，但他在押字寫「石」時，下半部分的「口」字總是畫不圓，而吳夫人寫得一手俊逸好字。

午間小憩後二人潑墨揮毫，王安石寫了幾大張宣紙也沒寫出滿意的名字，站在一旁的吳瓊輕輕握住丈夫持筆的手，一筆一畫地寫著一橫一撇，然後一氣呵成地畫了一個圈。圓潤的圈圈讓王安石嘖嘖稱讚。他拿著寫好自己名字的宣紙細細欣賞：「夫人的字瀟灑得一如既往。」

這一對是真正的靈魂伴侶，因為有浪漫而柔情的吳夫人在，鋼鐵直男王安石也能變成「暖男」。

◆ 發言人：吳美人的小茶杯 ◆

讓我驕傲地叉會兒腰，我的主人吳夫人真的很有生活情調。這段《待得明年重把酒.avi》就是最好的證據。

春光明媚，春花開得正絢爛，細心的吳瓊正為園子裡的花花草草鋤土澆水。植物殺手王安石被勒令不准動手，只能乖乖巧巧地蹲在路旁，一會兒接過鋤頭，一會兒遞上灑水壺。

等吳瓊忙完園藝後，王安石拿著所有工具，像小尾巴一樣跟在夫人身後。吳瓊早已將美麗的花記在腦海，回到書房後將春日裡生機勃勃的花草一一摹入畫冊。

春風不識字，偶爾亂翻書，翻到這本優雅的畫冊，默默添上一抹花香。

天氣燥熱時，吳瓊想去看看炎炎夏日裡西池邊上的荷花與荷葉，而王安石只想一個人靜靜地待在屋子裡看書、習字、乘涼。她向王安石列出遊玩的種種好處，但固執的丈夫依舊不為所動。

無計可施的吳瓊只好使出撒手鐧，打著節拍輕聲吟唱自己剛填好的《定風波》一詞：「待得明年重把酒。攜手。那知無雨又無風 。」如此難得的好天氣，不出去遊玩太可惜。王安石沉吟許久，表示自己被夫人說服了。兩人在蟬鳴裡緩步香茵，看流水中搖曳的荷。

待到秋日，夜幕降臨，清風徐徐，圓月初上柳梢頭，桂香也氤氳在夜色中。「西風昨夜過園林，吹落黃花遍地金。」金色花瓣靜悄悄地落了滿園，介甫夫婦二人並肩站在床邊的案几前，聽風看花賞月吟詩。

吳瓊輕輕抬手用狼毫飽蘸濃墨，在空白的宣紙上寫下「蟲二」兩個字，然後回身望向夜光籠罩下的丈夫。王安石稍加思索，隨即莞爾一笑說：「蟲二即為無邊的風月，形容此時此刻再恰當不過。」

有關冬日的詩中，吳瓊最喜歡白居易的「綠蟻新醅酒，紅泥小火爐」這句。快要下雪的傍晚，天空都泛著淡淡的橘紅色。吳瓊披著一襲雪白的長衫，端坐在案几前洗茶、烹茶、品茶，再倒進一一對應的茶盅裡，遞給正在捧書誦讀的丈夫。

吳瓊用寥寥幾筆在自己的茶杯中勾勒一幅幅趣畫，有時是數枝梅，有時是一叢花，有時是幾抹雲。口渴的王安石接過茶盅後昂頭一飲而盡，吳瓊無奈地搖搖頭，一邊感慨粗糙的丈夫從不精緻，一邊給丈夫添滿一杯晾涼的茶水。

王安石飲盡一杯又一杯的清茶，時不時抬頭望向夫人舉杯致意，而吳夫人此時也會與丈夫舉杯齊眉。

一雙人相依相伴，便是人間好時節。吳瓊姐姐真如神仙，生活有品位，愛好有情調。我真想成為王安石，擁有全世界最好的吳瓊姐姐！

① 梁啟超《王安石傳》：公夫人吳氏，封吳國夫人，工文學，嘗有小詞，約諸親遊西池句云：「待得明年重把酒。攜手。那知無雨又無風。」一時傳誦之。

我想，夫人會愛上我的主人也不是沒有道理的，畢竟王介甫的人格魅力閃閃發光！

王安石以執拗聞名朝野，人送綽號「拗相公」。「天變不足畏，祖宗不足法，人言不足恤」的鏗鏘話語雖非王相公親口所言，但一直是熙寧變法最閃亮的名片。

有人送來「呵之得水」的上等硯臺，王相公樂呵呵地拒絕道：「一擔水也不值幾個錢。」也有人贈送紫團山人參給王相公，宣傳功效時說能治療頑固性哮喘，但飽受咳喘困擾的王相公還是堅決推辭不接受：「平生沒吃過人參，也好好活到今日」，更何況夫人平日把他照顧得很好呢！

新法實施過程中，變法派受到無數質疑和否定，但王相公「富國強兵」的初心始終不改。吳瓊夫人一如既往地堅決支持變法舉措：「我雖不知朝堂紛爭，卻明白『青苗錢』能解農戶燃眉之急。昔日在鄞縣，青黃不接之際，『青苗錢』可謂『及時雨』。」

王相公深以為然，日復一日地草擬方案。我看到王相公時常出神，如今這些利國利民的舉措遭受質疑，他蹙著眉頭深深歎氣，雖依舊篤信「天變與人無關」，但憑一己之力堵不住悠悠眾口。他心力交瘁，決定罷相歸隱。

「誰似浮雲知進退，才成霖雨便歸山。」

狂風驟雨無情地吹打枯黃的芭蕉葉。吳瓊站在簷下，聽到丈夫以浮雲自況，也為她的悲情英雄而悲：「介甫想多做一些事，只可惜天不遂人願。」她走到衣衫盡濕的丈夫身後，默默為他披上一件外袍。

歸隱金陵後，王安石夫婦過上了恬淡愜意的退休生活。

插秧時節，王相公會坐在田壟上，時不時為耕作的鄰居搭把手。有人請汗如雨下的他到樹蔭下乘涼，他卻總是笑著擺手說：「若是來世為牛，則在地中耘田。」

等天氣晴好時，吳瓊夫人一定會喊上筆耕不輟的丈夫去曬書。他們一起輕輕鋪展開書冊，院中滿是油墨香。

對於嗜好讀書藏書的兩人而言，曬書是一項浩大的工程，不一會兒他們就汗流浹背、氣喘吁吁。王相公撐開青羅傘，為夫人擋去大半陽光。兩人不說話，靜靜地站著，歲月已是安然靜好。

其實，我一直覺得，王相公和吳夫人不僅是權威宰相和名媛貴婦，更是一對有著堅定人生理想的伉儷，他們並肩同行，在起伏的人生道路上共同沐浴陽光，一起面對風雨。

◆ 發言人：吳瓊的小髮簪子 ◆

謠傳吳夫人和王相公關係不好的人，一定不知道這二位一直是一夫一妻制的忠實擁護者，他們堅信一生一世一雙人足矣。士大夫們納美姿、蓄舞姬，甚至引以為風流韻事，吳瓊姐姐卻非常排斥這種朝三暮四的行為，她奉行「君若無情我便休」的原則。

王安石十分尊重自己的夫人，他對愛情忠貞不渝，甚至有點「懼內」。一次聚會時，大名鼎鼎的包青天「黑」著一張臉，勸各位同僚飲酒，眾人紛紛舉杯應和，不善飲酒的司馬光勉強喝了一杯，只有王安石依舊吃肉吃菜不為所動。

包公一手攬著王安石的肩膀，一手在他的杯子中斟滿美酒，樂呵呵地勸道：「介甫也飲一杯。」王安石連連推卻：「在下一向不善飲酒，加之拙荊厭惡酒味，恕難從命，萬望見諒。」

此後「王介甫為愛戒酒」的江湖傳說散佈到汴京各個角落，夫人們紛紛登門拜訪吳瓊，想要討教管束丈夫的「獨門絕技」。

在金陵與朋友小聚時，王安石揮毫寫下：「當初謾留華表語，而今誤我秦樓約」，一句「秦樓約」引人無數綺思。

吳瓊聽完丈夫這曲風靡金陵的《千秋歲引》，笑著替丈夫解釋道：「介甫是

用香草美人的典故比興罷了。」

　　互相包容，互相信任，互相珍惜，這就是他們之間的愛情。

主持人：吳瓊家的大茶壺

　　感謝大家的精彩分享，天馬上就要亮了，我們的茶話會也將告一段落，但
「瓊石夫婦」的愛情故事不會終結，讓我們繼續期待更多的浪漫劇情，祝願王安
石和吳瓊夫婦永遠幸福下去！

吳瓊 人物資料卡

　　吳瓊（1024—？），北宋江西金溪縣柘崗人。她是北宋著名政治家、文學家王安石的妻子，後封荊國夫人。

　　吳瓊出身仕宦之家，她的祖父吳敏、父吳芮、叔父吳蒙都曾高中進士，浸染在書卷香氣中的吳瓊自幼聰慧，文采綺麗，宋人筆記多處有「荊公妻吳夫人最能文」的記載。

　　吳瓊與王安石是表兄妹，少年時期，同窗共讀，都被彼此的才情和見識所吸引，兩人情投意合，後結為連理。婚後，吳瓊支持王安石變法，隨他幾番起落，情誼不改。二人生活和美，伉儷情深，為當時佳話。傳言王安石至性坦率，不拘小節，而吳瓊好潔成癖，兩人竟能同處一簷下，舉案齊眉，也成為宋時的趣談。

　　除了宰相夫人這一身份，吳瓊自身也是一位文采斐然的奇女子，她曾揮毫寫下：「待得明年重把酒。攜手。那知無雨又無風。」一時眾人傳誦之。

FASHION BEAUTY

魏玩

大宋一品夫人的社交圈

Wei wan

遇人不淑

但姐自強

宴會女主

綠楊堤下路，早晚溪邊去。三見柳綿飛，離人猶未歸。

魏玩 *wei wan*

大宋一品夫人的社交圈

南方赤火 ── 文

宋朝是才女輩出的時代。日漸鎖緊的封建倫理枷鎖，鎖不住花花世界中那噴薄欲出的靈氣。在閨閣裡、花轎裡、幽深的庭院裡，乃至顛沛流離的戰亂中，都能聽到她們的婉轉吟哦之聲。

她們還有不輸於鬚眉的見識和氣魄。李清照的一句「生當作人傑，死亦為鬼雄」，盪氣迴腸一千年，讓後人震撼於這個纖弱的朝代所蘊含的鏗鏘風骨。李清照因而成為終宋一代的才女代表，課本裡她的詞作膾炙人口，人人都能吟上兩句。

但鮮為人知的是，和李清照同時期的還有一位魏夫人。

依照理學大師朱熹的評論：「本朝婦人能文者，惟魏夫人、李易安二人而已。」── 才氣和李清照齊名的魏夫人，如今卻湮沒史籍，少有人知。其中原因，令人扼腕。

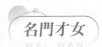

名門才女
WEI WAN

魏夫人名魏玩。之所以稱為夫人，是因為她嫁得好。

她出身於襄陽地方的世家，自幼博覽群書，與兄弟們詩文唱和時毫不遜色。十七歲，一頂花轎，載著她從襄陽遠赴江西，嫁與同樣是世家子弟的曾布。

這個曾布在歷史書上的名頭不太響亮，但他有個哥哥曾鞏，位列唐宋八大家之一，可謂人盡皆知。

曾布的文才雖不如其兄，但官做得比哥哥大，一直做到北宋宰相。作為他的妻子，魏玩自然也得到了風光的誥命，初封瀛國夫人，後封魯國夫人，實現了當時女子的最高成就：夫貴妻榮。

當然，在她出嫁之時，曾布還是一介白身布衣。雖然家族結交甚廣，但因父親去世，家境已然衰敗。哥哥曾鞏挑起一家重擔，一邊照顧弟妹，一邊維持生計，一邊刻苦讀書……

魏玩嫁入這樣的家庭，自然而然地承擔起了做媳婦的責任。這位昔日的名門閨秀告別了肆意詩文的少女時光，把全部精力放在了照顧家庭上，為一心求取功名的丈夫掃除後顧之憂。

才子才女的結合，帶來了一段柔情蜜意的新婚宴爾時光，也讓她留下了一些清新旖旎的作品。但這段日子沒持續多久，曾布啟程，和哥哥一起進京趕考去了。

嘉祐二年，在由歐陽修主持的那屆科舉中，曾布和曾鞏及四位兄弟妹夫一齊高中。同屆上榜的有蘇東坡及其弟弟，有程朱理學創始人之一程顥，以及「為天地立心，為生民立命，為往聖繼絕學，為萬世開太平」的張載……

可謂史上最強的一屆科舉考試。

從此「南豐七曾」名揚天下，成為永遠的神話。

留在江西家鄉的魏玩，接到遠道而來的喜報，笑靨如花。

丈夫金榜題名，她這個做妻子的，也約等於實現了最高的人生理想。

為了準備考試，曾布一去三年，期間對獨守空房的魏玩可以說是不聞不問。魏玩賢惠又善解人意，知道科舉考試是讀書人的頭等大事，不能為兒女情長而分心。

而如今，一切付出都得到了回報，她等著丈夫接她去京城，和他一同上

任，繼續夫唱婦隨的甜蜜時光。

可是曾布沒回來。

甚至沒有派一個人來接她。

他沉醉於繁華京城的紙醉金迷，流連煙花柳巷，好不快活，過上了風流才子的逍遙日子。金榜題名之後，更是春風得意馬蹄疾，各路奉承應酬紛至沓來，曾布哪裡還記得家裡那個德才兼備的原配夫人。

魏玩將思念之情寄託於詩詞間，默默在兩人昔日宴遊恩愛的花園裡徘徊，看到溪水中的鴛鴦，想起形單影隻的自己。

溪山掩映斜陽裡。樓臺影動鴛鴦起。隔岸兩三家。出牆紅杏花。

綠楊堤下路。早晚溪邊去。三見柳綿飛。離人猶未歸。

當然，魏玩雖然寫了「出牆紅杏花」這樣的句子，但肯定不是自述出牆。她恪守封建禮教，一生潔身自好。這句話很可能是在提醒丈夫，換成別人家媳婦，這麼獨守空房早就出牆啦。

更或許，是對遠在京城的曾布喊話：「我在等你，你在做什麼？」

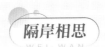

隔岸相思
WEI WAN

曾布在忙著赴任。他的仕途比哥哥曾鞏順利得多。

經王安石、韓維等人推薦，他得到了神宗皇帝的賞識，在官場上平步青雲，從參軍、縣令升為太子中允、崇政殿說書，「凡三日，五受敕告」，成為皇帝身邊的紅人。他依附王安石，成為變法派的得力幹將。

但是，曾布善於鑽營投機，在政治上反覆無常，不久就與王安石生出齟齬，被貶謫出京。直到近二十年後，宋神宗去世，保守派掌權，曾布才再次回京，但依舊遭到忌憚排擠。

關於曾布還有個傳說。宋哲宗年間，蘇軾從翰林侍讀學士外調到中山府時，曾經想將門人高俅送給曾布，但是曾布沒要。蘇軾就把高俅送給了哲宗皇帝的妹夫王詵。

高俅後來通過這個門路搭上了當時還是閒散王爺的宋徽宗，邁出了千古奸臣的第一步。

如果當時曾布接受了高俅，大宋的歷史都有可能要改寫。

但就算沒有高俅，曾布也是個立志要改寫歷史的人。

曾布的仕途起起落落，不斷變換做官地點。在宋代做官，帶個家屬很正常。但曾布總是以各種理由推脫，拒絕帶魏玩一同上任。

魏玩只能留在江西夫家，終日面對一個錯綜複雜的陌生大家族，沒有娘家的撐腰，也見不到昔日的夥伴，只能與紙筆為伴，度過一個又一個漫漫長夜。

她和薄幸的丈夫聚少離多，也不知他在外到底是顛沛流離，還是瀟灑快活。

她終於意識到，自己託付終身的並非良人。可是在那個時代和社會裡，她除了默默忍受孤寂，別無選擇。

記得來時春未暮，執手攀花，袖染花梢露。暗卜春心共花語，爭尋雙朵爭先去。

多情因甚相辜負，輕拆輕離，欲向誰分訴。淚濕海棠花枝處，東君空把奴分付。

她追憶新婚燕爾時的爛漫時光，隔空哀怨自己的大好韶華被這個不把她放在心裡的男人辜負了。

漫長的等待裡，點綴著難得的歡欣。宋神宗熙寧年間，曾布調任潭州時路過洪州，此時正好哥哥曾鞏任職於洪州，而弟弟曾肇來洪州探親。

三兄弟都是進士，今日難得聚會，魏玩也終於等到了罕有的家庭團聚。她

拋開閨怨和別離之情，欣喜地題寫一聯：「金馬並遊三學士，朱幡相對兩諸侯。」

這段故事一時傳為佳話。

但是，短暫的相聚過後，又是難熬的分別。

曾布也許沒那麼愛她，但在她那一方小小的溫柔世界裡，曾布就是全世界。

波上清風，畫船明月人歸後。漸消殘酒，獨自憑闌久。

聚散匆匆，此恨年年有。重回首，淡煙疏柳，隱隱蕪城漏。

某次離別，她在月夜下送別丈夫後，又回到了熟悉的一人世界。清風、明月、淡煙、疏柳、波浪，這些優美的意境，襯托出一個憂愁而迷茫的女人。

如此良辰美景終是虛設。更鼓隱隱敲響，憑闌的魏夫人不捨離去，時間如同奔逝的流水，從她身邊匆匆掠過。

作為一個恪守封建禮節的官夫人，魏玩的詩詞多是含蓄而清秀的。

她不敢像李清照那樣「和羞走，倚門回首，卻把青梅嗅」，也寫不出朱淑真的「嬌癡不怕人猜，和衣睡倒人懷」。她所能寫出的最露骨的相思，也不過是一個簡簡單單的「恨」字。

燈花耿耿漏遲遲。人別後、夜涼時。西風瀟灑夢初回。誰念我，就單枕，皺雙眉。

錦屏繡幌與秋期。腸欲斷、淚偷垂。月明還到小窗西。我恨你，我憶你，你爭知。

又恨他，又想他。寥寥幾個字，傳神地概括了萬千女子心中那些色彩各異的愛情。

最後，愛恨交織的情緒逐漸褪了色，愛沒了，只剩怨。

別郎容易見郎難。幾何般。懶臨鸞。憔悴容儀，陡覺縷衣寬。門外紅梅將謝也，誰信道、不曾看。

曉妝樓上望長安。怯輕寒。莫憑闌。嫌怕東風，吹恨上眉端。為報歸期須及早，休誤妾、一春閒。

但直到此時，魏玩還是在努力扮演一個本分妻子的角色，做那個丈夫背後的小女人。

她也許聽說了曾布仕途的起起落落，排擠了誰，招怨了誰，又為了自己的利益，使了什麼不光彩的手段。

換成一個胸懷大志的賢婦，可能會勸諫丈夫立身要正，莫要為了一時利益，搭上身後之名。但魏玩從小所受的教育中沒有這個選項。她默默支持著曾布的一切，為他喜而喜，為他悲而悲，不過問他的事業和交際，只等他明白自己的心意。

不是無心惜落花。落花無意戀春華。昨日盈盈枝上笑。誰道。今朝吹去落誰家。

把酒臨風千種恨。難問。夢回雲散見無涯。妙舞清歌誰是主。回顧。高城不見夕陽斜。

機會終於到來。宋徽宗即位，曾布因為擁立有功，成為宰相，位極人臣。

魏玩成為宰相夫人，終於被接入京城，成為偌大一個宰相府的女主人。她佇立在空曠寬廣的廳堂之中，看著鏡子裡不再年輕的容顏，百感交集。

曾布已經領略了半生繁華。他交際圈中的人她大多不認識，他偶爾說起汴梁時興的歌舞花酒，她一臉懵。

在她心裡，曾布依舊是那個策馬揚鞭、意氣風發的少年郎，是那個豪言壯

語「不中舉不還家」，讓她怦然心動的寧馨兒。

望著眼前這個滿臉白鬍子，眼中充滿算計和狡獪的一品大官，她覺得有點陌生。

這不是她夢中的人。

但魏玩順從地接受了丈夫現在的形象。她是他的妻子，這輩子命該如此，和這世上萬千女子一樣。丈夫不管變成什麼樣，永遠是她的天。

她覺得自己應該高興。蹉跎半生，也許，如今終於等到安定的時光？

雅集歲月
WEI WAN

她的生活並沒有因此而快樂充實。愛情已消磨殆盡，曾布和她已是貌合神離。這個習慣在濁世中打拚的政客，已然忘記了新婚時那種浪漫多姿的日子是什麼顏色。

曾布雖然也留下過幾篇不錯的詩詞，但性格使然，他喜歡投機鑽營甚於吟風弄月。在京城的日子裡，他忙著鞏固權力，忙著和蔡京鬥法，忙著在名利場中更上一層樓。

他有才情，但這才情只在朝堂上嶄露鋒芒；他也體貼，但這份體貼只留給上官和皇帝；他也會甜言蜜語，但這些甜言蜜語從來都是說給男人聽，成為溜鬚拍馬的範本。

他是做大事的男人，是要名垂青史的士大夫，怎麼能把自己放到和一個女人同等的位置上，同她互訴衷情呢？

曾布已經失去這種能力了。

而做了宰相夫人的魏玩，日日過著和丈夫朝夕相處的異地戀生活，也終於覺得真心錯付，想要給自己找點事做。

她結識了同樣婚姻不幸的才女朱淑真，邀請她來府裡遊玩。朱淑真嫁得不

好，丈夫是個俗吏，在吳越荊楚間輾轉做官，對她這個才女老婆不屑一顧，嫌她矯情。

兩個同病相憐的女人迅速結為好友。這一次上京，朱淑真可謂大開眼界，在魏夫人的帶領下，她遍覽繁華綺夢，看到了婚姻以外的世界。

和朱淑真同為魏玩座上賓的，也許還有其他小有名氣的才女夫人。她們曲水流觴，盛筵歡笑，吟詩填詞，切磋文字，歌舞助興。宰相府的後花園裡，時常充滿矜持而愜意的笑聲。

然而，一個失意的女子，無法被這些虛假的熱鬧所安慰。一群失意的女子聚在一起，歡笑過後，也只能更添孤寂。

夜色落幕，月光點點。朱淑真在客房裡卸掉釵環，洗淨面孔，回憶白日裡的歡笑，心中反而更空。

她寫道：

占斷京華第一春，清歌妙舞實超群。只愁到曉人星散，化作巫山一段雲。

與此同時，獨守空房的魏夫人，在做了一天左右逢源的女主人以後，同樣感覺到一陣熟悉的空虛。

她們這些充滿才情的女子，誰不能理解誰的苦呢？都是被負心人傷過的靈魂，抱在一起又如何取暖？

更可悲的是，隨著魏玩交遊愈廣，雖然所邀之客都是女流，但也有風言風語平白傳來，說這些女子雅集，又是喝酒又是吟詩，心都玩野了，實在有傷風化。

換成李清照，也許會對這些傳言不屑一顧：她有一位志同道合的文青丈夫，說不定還經常和才女們一起參加雅集派對呢。

但魏玩做不到這麼灑脫。她是宰相夫人，她的丈夫在意流言，在意家庭的

顏面。他的妻子最好是個泥塑木雕的美人，永遠擺在廳堂裡，做一個人人稱羨的吉祥物。

在那個時代，女人，即便是高居尊位的一品夫人，所享有的自由，也實在少得可憐。

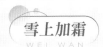

雪上加霜
WEI WAN

魏玩的整個青春時代，和丈夫聚少離多，也沒有留下一男半女的記載。人到中年，為了排遣寂寞，她收養了一個女孩。

她覺得，這個孩子也許能給她帶來久違的家庭溫暖。

在無數被封建倫理桎梏的家庭裡，女人作為持家的工具，得不到丈夫的欣賞和關愛，也無法實現事業上的自我價值。她們通常將全部精力放在撫養下一代上，從那些鮮活天真的面孔中得到青春的慰藉。

魏玩想走的，也是同一條路。丈夫與她不同心，這個她一手教養大的小女孩，總會貼心一些吧？

女孩姓張，是過去曾布在地方做官時的一個下屬的女兒。張氏早早失去母親，又十分聰慧。魏玩一見她就十分喜歡，將她收為義女，帶在身邊教導。後來曾布做宰相，把魏玩接到京師汴梁，這個小女孩也就一併帶了來。

魏玩對她亦師亦母，將胸中才學傾囊相授，張氏也十分領情，琴棋書畫、詩詞歌賦，都學得很快，文辭見識也十分出眾。隨著年齡漸長，張氏更是出落得亭亭玉立，讓魏玩宛若看到了年輕的自己。

由於文采斐然，張氏被選入宮中，在內廷做了女官。雖然沒有嬪妃的名分，但也頗受重用。

也許從一開始，曾布就打算將這個養女作為一顆棋子，一架向上爬的梯子，藉她的身份探聽內廷消息，結交宮中人物。因此他刻意接近張氏，和她日

漸熱絡，直到……

生出了不該屬於養父養女之間的情愫。

史料不會詳細記載這些八卦，我們也無從得知，當魏玩獲悉了曾布和張氏之間不清不楚的關係時，是何等心境，是絕望還是怨恨，抑或是心如死灰……

她做曾布的妻子做了幾十年，早就熟悉了他的秉性。從當年進京趕考開始，他就樹立了風流倜儻的人設，瓦舍、青樓、茶館，能去的地方都去瀟灑快活過，從來不避諱自己在花叢流連的事實。

魏玩以為，自己早就習慣了這樣感情不忠的丈夫。但當曾布和她一手養大的小女孩曖昧後，她的底線還是一步步碎裂。

一個是自己的丈夫，一個是自己的養女。曾布絲毫不顧及她的感受，甚至有種「衝破世俗偏見」的壯烈感，覺得自己可了不起了。

等到張氏出宮，他乾脆堂而皇之地帶著她出雙入對。反正當時的士大夫大多風雅，別人的「風流韻事」未必比他的少。大夥雅集酒樓茶舍時，身邊都是偎紅倚翠，沒有帶原配煞風景的。

魏玩聽到傳言，自然是氣壞了。如果回到新婚之時，她可能還會發發小脾氣，寫幾首詩詞哀怨一下，試圖挽回丈夫的心。但現在，她已經年老色衰，所有棱角都已磨平，連提筆的力氣都沒有了。

而張氏，我們無從推測她的內心。但想來一個幼年失怙的女孩，儘管被宰相夫人收養，但大戶人家是非多，她又無親人在側支持，不免會有寄人籬下的感覺。而大她幾十歲的「養父」是當朝宰相，是一家之主，是說一不二的大人物。當曾布向她表露不軌之意時，她又有何勇氣拒絕呢？

懼怕、膽怯，混合著踏入富貴之門的誘惑，張氏接受了這段不倫之戀，成為曾布無數獵物之一，往養母魏夫人的心上狠狠插了最後一刀。

多年累積的怨憤如潮水般湧來，魏玩終日鬱鬱，一病不起，不久撒手人寰。

她死後，養女張氏前來弔唁，用她教的詩詞格律寫下挽詩一首：

香散簾幕寂，塵生翰墨閑。空傳三壺譽，無復內朝班。

這首詩的格律文采都不錯，但張氏對魏夫人的深切感情卻看不太出，似乎也沒有太悲傷。

這個讓魏玩寄託了全部情感的小女孩，這個她寄予了厚重希望的傳人，終究被她的丈夫毀掉，成為一個平庸而尖刻的情人。

張氏的結局，歷史無記載，但可以推測她的命運並不好。她依附曾布，而曾布只當了兩年的宰相，在與奸臣蔡京的鬥法中失敗，再次被貶，官職一降再降，最後在失意落魄中去世，終年七十二歲。

一朝繁華散盡。不知他和自己那終生浸透在思念中的髮妻聚首之時，會不會依舊形同陌路。

尾聲
WEI WAN

有人說，把愛情看得太重的女人不幸福。魏玩為渣男耽誤了才氣，蹉跎了一生，實在是傻。

但我想，魏玩是不甘心這樣度過一生的。人的天性追求愛和自由，她的文字靈動有力，藐視世間的庸常靈魂。

然而她的一生被倫理綱常所束縛，她沒有機會真正進入她筆下那個風光旖旎的世界。

也許她想過反抗，也許她也曾聽聞歷史上那些風流才女的事蹟。但和她們不一樣，魏玩是朝廷誥封的一品夫人，多次因賢良淑德受到褒獎。這些名譽像沉重的牌坊，壓碎了她的意志，擋住了她邁向廣闊世界的步伐。

在這樣的社會環境裡，她無法反抗，無法離婚，無法率性而為，把男人拋在腳下，自己去率性天涯。

她順著前輩們鋪好的倫常之路，活成了一個完美的魏夫人。

魏玩是不幸的，是封建社會的犧牲品。

從某種意義上講，她又是幸運的。她生活在北宋文化最昌盛的神宗、哲宗、徽宗三朝，她體驗過汴梁繁華，她接觸過最精緻素雅的盛世文化。她的所有憂愁來源於渣男的傷害 —— 對此後那些活在血淚中的萬千女人們而言，這是多麼微不足道的煩惱啊。

北宋王朝，正如汝窯裡燒製出的完美無瑕的青瓷一般，脆弱而美好，獨一無二。

曾布死後二十年，公元 1127 年，靖康之變撕裂了盛世綺夢。一夜之間，從貴族到百姓，無數女人從溫室被拋進冰窟，多少鮮活的生命戛然而止。剩下的人，被迫目睹鮮血和死亡，被迫忍受敵國異族的奴役。

魏玩死在這件瓷器碎裂的前夕。

也許，這就是命運留給她的最後一抹溫柔。

魏玩

人 物 資 料 卡

　　魏玩（生卒年不詳），字玉如，一作玉汝，北宋時期鄧城人。魏玩出身世家，是詩論家魏泰之姊，北宋宰相曾布之妻，同時也是一位傑出的女詞人。她初封瀛國夫人，後封魯國夫人，世稱魏夫人。

　　魏玩自幼博覽群書，才思敏捷，一生著作頗多，尤擅詩詞，代表作品有《點絳唇·波上清風》、《卷珠簾·記得來時》、《江城子·春恨》、《菩薩蠻·紅樓斜倚》等。

　　她的詩作出語不凡、豪放豁達；詞作則清麗婉約、清麗唯美，為宋人所稱道。理學大師朱熹曾評論：「本朝婦人能文者，惟魏夫人（魏玩）、李易安（李清照）二人而已。」由此可見，朱熹曾將魏夫人之才與李清照相提並論。

　　但魏玩的一生卻是悲劇的一生，她雖因丈夫的身份獲得了無上的尊榮，卻半生寂寞，夫妻聚少離多。因此魏夫人詞作中多有思夫之語：「燈花耿耿漏遲遲。人別後，夜涼時。西風瀟灑夢初回。誰念我，就單枕，皺雙眉。錦屏繡幌與秋期。腸欲斷，淚偷垂。月明還到小窗西。我恨你，我憶你，你爭知。」同時，她的作品中也不乏凜冽之氣，懷古之情，如「滔滔逝水流今古，楚漢興亡兩丘土。當年遺事總成空，慷慨尊前為誰舞。」可歎位極人臣的曾布對愛人也並不忠貞，又為這位奇女子的人生蒙上了一層蒼涼的色彩。

凌波不過橫塘路，但目送、芳塵去。錦瑟華年誰與度。

月橋花院，瑣窗朱戶，只有春知處。

飛雲冉冉蘅皋暮，彩筆新題斷腸句。若問閒情都幾許？

一川煙草，滿城風絮，梅子黃時雨。

——賀鑄《青玉案》

風俗記
FENGSUJI

醒時觀花，醉望江山

　　獨家揭秘，易安居士平日最喜歡喝哪個牌子的酒？素人踢館《千里江山圖》，聽說宋徽宗也來替自家門生撐場面？欲知詳情，且往下看。

那些年，
李清照喝過的酒

Hejiu

南方赤火/文

　　才女李清照不僅是知名詞人，更是宋代知名酒客。在她的詞賦小令中，時常出現各種嬌憨可掬的醉態。比如「沉醉不知歸路」，再如「東籬把酒黃昏後」，又如「酒闌歌罷玉尊空」……

　　我們不禁要問，李清照每天喝的都是什麼酒呢？

　　宋代酒類繁多，才女酒桌上的選擇其實很多，讓人眼花撩亂。

　　有時候她喝的是度數低的濁酒 —— 綠酒。因為在發酵的過程中，古人並沒有過濾出酒糟，在杯口處能看見細碎的淡綠色泡沫，酒液也有些渾濁，文人們便給它起了雅致的名字：「綠蟻」、「浮蟻」等等。

　　唐代以前的釀酒工藝尚不太發達，因而經常能看到濁酒出鏡。比如陶淵明的「清歌散新聲，綠酒開芳顏」；再如白居易的「綠蟻新醅酒，紅泥小火爐」；又如杜甫的「燈花何太喜，酒綠正相親」……

　　因此也有「燈紅酒綠」一說。

　　到了宋代，這種便宜而普及的濁酒依然流行。譬如《水滸傳》裡經常出現的著名橋段：店小二說，本店有十分香美的醇酒，就是有點渾濁。過路大俠豪爽道：「渾怕什麼，只管篩來！」

　　然後，豪俠就不知不覺喝下了濁酒裡的蒙汗藥……

　　而李清照呢，也時常青睞這個懷舊的品種。在她的詞作裡有「共賞金尊沉

綠蟻」、「薄衣初試,綠蟻初嘗」之類的句子,說明綠色的濁酒在宋代還是很受歡迎的。

除了濁酒,宋代其他可選的酒類也很多。譬如蘇東坡就喜歡喝昂貴的葡萄酒,但這種酒需要請人專門從外地送來;陸游也對此念念不忘,並且在詩中額外抱怨了葡萄酒的昂貴價格:「如傾潋灩葡萄酒,似擁重重貂鼠裘。」

至於李清照,她的積蓄都拿來收藏金石古器了,估計很少有餘錢品嘗葡萄酒。

宋朝各種果酒也盛極一時。譬如黃柑酒,是用橘子釀製而成的,色澤鮮豔,芳香四溢,也是宋代特產。蘇東坡曾進宮參加「黃柑宴」,喝得很美,還將此酒的甘美寫進了詞裡:「拼沈醉,金荷須滿。怕年年此際,催歸禁籞,侍黃柑宴。」

此外,荔枝、梨子、楊梅、山楂、棗子、桑葚,皆可釀成果酒。南方有椰子酒,還有進口的花酒、蜜酒、檳榔酒……李清照寫的「酒美梅酸」,多半就是以梅酒配鮮梅,酸甜相濟,爽口又清新。

宋代的果酒市場琳琅滿目。不過可以確定,這些酒的度數都不會太高。

此外,還有桂花釀製的瑞露酒,添加嫩羊肉的羊羔兒酒、綠豆酒、蜂蜜酒,添加蘇合香的藥酒……萬物皆可釀酒。

各地著名酒店以及達官貴人的私宅裡,都會釀造自產的美酒。譬如豐樂樓的眉壽、遇仙樓的玉液、忭樂樓的仙醪、大名府的香桂、河南府的醁釀香……

雖然我們無法考證每種酒是什麼味道,但想必最喜愛飲酒的文人墨客也無法飲遍其中所有。何妨從市場上隨便挑個名字好聽的酒,打回家,就是一夜一壺春。

最後附送小彩蛋:李清照雖然喜歡喝酒,酒量卻不敢恭維,經常「二杯兩盞淡酒」,就醉得東倒西歪。不過文人飲酒,飲的是情趣和興致。至於這酒濃或淡,醉不醉人,那都是次要的啦。

①蘇軾《謝張太原送蒲桃》:惟有太原張縣令,年年專遣送蒲桃。

知乎問答

如何看待《千里江山圖》入選翰林圖畫院年度優秀作品？

…………… 南方赤火/文

總覺得有內幕……又不是什麼名家名作，又沒有孤標高致的文人氣韻，除了大，有什麼好？我畫了二十年的山水，比這個好多了！

∨

<hr>

999個回答

趙佶
超人氣新生代畫手/瘦金體創始人/翰林圖畫院名譽院長/兼職大宋集團CEO

朕評的。有意見？

 10573人贊同了該答案　　 3629條評論　　 收藏　　 喜歡

蔡京
書法家/改革家/只是做了一點微小的貢獻

年輕人還是不要太張狂的好。趁今日政務不忙，我來告訴你這幅畫好在哪兒。

首先，你只看到「大」，就先入為主地斷定這是一幅以量取勝的作品，大謬。精工細作的畫卷，畫師胸中要有全域，水平上容不得一點參差。能駕馭這麼大幅絹面，畫面卻一點不凌亂，不枝蔓，不繁雜。畫中有山巒，有樹木，有飛鳥，有村舍民居，有沙洲小橋，有漁民舟楫……但每個細節皆有形制，這就是水準。

其次，你以為咱們大宋只推崇雅致哲思的文人畫嗎？錯！我們大宋畫界百花齊放，重工重彩的畫作也可以貴氣逼人。像這幅《千里江山圖》，宏大奢華中充滿清秀意趣，完全符合本朝「豐亨豫大」的審美觀念。你看，這幅畫裡山峰相連，河水纏繞，陡峭之處令人捫膺長歎，平緩之處綿延千里，這不就是我們大宋的大好河山？雖然聽說它的畫師尚年輕，技法上仍有可以雕琢之處，但畫中的壯闊雄心溢出紙面，這樣一氣呵成的磅礴之氣，非逸筆草草的尋常水墨山水可比。如果你覺得它「俗」，只能說明你的審美境界有待提升。

最後，這幅畫已經被聖上賜予本官，作為執政有方的嘉獎。臣定將堅持不懈，輔佐皇上，治理國家，以報知遇之恩！

 5739人贊同了該答案　　 3629條評論　　 收藏　 喜歡

薛丹青

翰林圖畫院招生辦負責人/有意報名請私信

這個問題哈，蔡太師已經說得很清楚了，容老夫再多嘴幾句。

首先，這幅畫確實不是什麼名家名作。它的作者王希孟，只是畫院裡一個默默無聞的年輕畫師。這裡打個小廣告，咱們翰林圖畫院承蒙聖恩，開辦得紅紅火火，不缺經費，也不拚爹拚背景。

老夫記得很清楚，畫師王希孟今年只有十八歲，因為天資聰穎，數次得聖上親自指導畫技。他經過嘔心瀝血的半年時間，才繪出這幅《千里江山圖》呈進，甫一面世，就驚豔了整個皇宮。這也正說明，在咱們翰林圖畫院，出身寒微不要緊，只要有實力肯鑽研，做天子門生也不是夢（再打一下廣告）。

另外，不知大家有沒有注意到《千里江山圖》繪圖所用的顏料：天空和水面鋪染花青，山石先以水墨勾皴，赭石打底，再分花青或汁綠，最後染石青和石綠……這些珍貴的礦物顏料皆來之不易，譬如石綠，是孔雀石和綠松石磨製而成的；石青則是青金石製成，還要經過篩細，漂清……因此畫中的色彩除了帶有天然的寶石色相，還能反射礦物特有的光澤，就算歷經千年，也還色澤彌新。還有石黃、赭石、朱砂、霜青……這些天然顏料在《千里江山圖》中反覆點染，平均要上色五遍才能成畫，可以說每一筆都是銀子。民間畫師多無此財力，唯有翰林圖畫院，為有需要的學生提供各種頂級顏料，全部免費，算是皇家福利。歡迎資質優異的民間畫師前來報名！

總之，歡迎報名翰林圖畫院，公款繪畫，聖上親自指導，你值得擁有。不過按題主的畫作水平來看，多半也過不了初試，呵呵。

 2395人贊同了該答案　　 869條評論　　 收藏　　 喜歡

李師師
大宋國民女神/商務合作請發經紀人信箱

　　別的我不知道。但去年有幸在翰林圖畫院頒獎儀式上見到了王希孟，他本人是位很乾淨、很有想法的少年。不過他一心撲在繪畫上，用功過度，如今好像病得很厲害，希望媒體不要過度打擾他。謝謝！

 2104人贊同了該答案　　 423條評論　　★ 收藏　　♥ 喜歡

雅事集

美人錄

風俗記

章

曠世紅顏

她們的身份是妻子、母親，但同時她們也是叱吒風雲的女政治家，是馳騁沙場的英雄將領。她們向後人證明：即便面對重重禁錮，大宋女子也能在史書上留下輝煌的一筆。

BEAUTY

纖雲弄巧，飛星傳恨，銀漢迢迢暗度。金風玉露一相逢，便勝卻人間無數。

柔情似水，佳期如夢，忍顧鵲橋歸路。兩情若是久長時，又豈在朝朝暮暮。

——北宋‧秦觀《鵲橋仙》

雅事集
YASHIJI

闌珊燈火，東京夢華

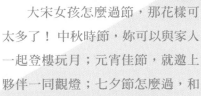

大宋女孩怎麼過節，那花樣可太多了！中秋時節，妳可以與家人一起登樓玩月；元宵佳節，就邀上夥伴一同觀燈；七夕節怎麼過，和誰過，那就由妳自己來決定吧……

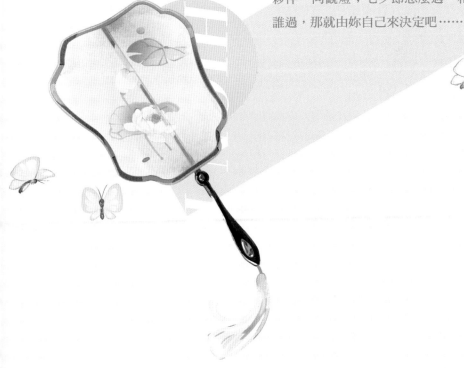

賞月 SHANGYUE

何處倚闌干？
弦管高樓月正圓①

中秋之夜，桂花浮香。
花好月圓，莫此為甚。
值此良辰美景，不知閣
下可否賞光，與我一同
賞月？
要接受蘇軾的邀請嗎？

顧閃閃/文

是√　　否

大宋全民偶像蘇軾的邀請，這可萬萬不能錯過，但在赴約之前，妳總得瞭解一下，邀請函中的「賞月」到底是怎麼個「賞」法？

宋人將賞月又稱為「玩月」，和高雅拘謹的欣賞比起來，「玩」字顯得隨性又活潑，門檻一下子就降低了。所以在宋朝，從帝王將相到市井小民，都喜歡玩月。但在這個諸事「講究」的朝代，中秋佳節的儀式感自然也少不了，可不是拿出手機，隨便給月亮拍張照、曬曬圖那麼簡單。

早在先秦，人們就有了「秋暮夕月」的習俗。八月十五，陰陽相半，寒暑平分，天氣由燥熱轉為涼爽，在屋中悶了一夏的人們乘著夜風，闔家老小走出門去「曬月亮」。「夕月」即祭拜月神的意思。這一夜月亮比平常要明亮上幾倍，素愛遊玩的宋人會在自家院中設起大香案，擺上香燭，供奉瓜果梨桃。巧

①出自蘇軾《南鄉子·集句》。

手的姑娘們還會將西瓜切成蓮花形狀，祈求月神保佑，自己能如姮娥一般花容月貌。

當然，月餅是萬萬不能少的。「月餅」這一說法，最早出現在南宋吳自牧的《夢粱錄》中。邀請妳去賞月的蘇東坡就特別愛吃月餅，他曾在詩中寫道：「小餅如嚼月，中有酥與飴。」所以妳最好帶上一包剛做好的月餅，與他一同分享。

在宋朝，不同身份的人們玩月的方式也是各種各樣的。中秋時節，像蘇軾這樣有頭有臉的大學士，免不了要約上三五好友，在高樓深巷中訂好包廂，一行人臨軒對飲，闌外丹桂飄香，銀蟾光滿，好不快活。有些出手闊綽的王孫公子還會廣開筵席，請上整個汴梁城最美的歌女，奏樂撫琴，酌酒高歌，直到天色將明。

至於市井間的普通人家，也會登上小小月臺，安排家宴，圖個兒女團圓。哪怕是身居陋巷，置辦不起家宴的貧苦之人，當天也會典當衣衫換杯濁酒，勉強迎歡，不肯虛度。

這一夜，就連當朝官家也會放下九五之尊的架子，登樓赴宴，與官員百姓們同樂。為了一睹天子聖顏，天街總是擠滿了人，地上如龍的花燈，天邊皎潔的明月，將人間映得彷彿白晝。數十萬盞紅羊皮小水燈浮滿水面，燦如繁星，不只為了美觀好看，更為了祭祀江神，祈禱平安。路邊賣飲子的、貨絨線的、售蜜餞的，都唯恐錯過了這促銷的好時機，提前鋪設好滿滿的貨品，就連有司也破例允許商戶營業到五鼓時分。所謂「金吾不禁夜，玉漏莫相催」，正是如此。

蘇軾愛月，這是眾所周知的。與這樣的人共度中秋，只談「逛吃」，未免過於浪費。出發之前，妳還是要通讀一下東坡居士那些與「月」有關的詩詞。不論是後世耳熟能詳的「明月幾時有，把酒問青天」，還是幽情無限的「此生此夜不長好，明月明年何處看」，抑或是感歎「世事一場大夢」的「中秋誰與共孤光，把盞淒涼北望」，都讓萬載空懸的月，沾染了幾分塵世間的煙火氣息。

畢竟月那麼遠，又那麼清寒，正是因為有了中秋佳節，有了文人綺思，才讓它變得如此溫暖又繾綣。

乞巧
QIQIAO

天孫正好貪歡笑，
那得工夫賜巧絲[1]

瑤華/文

宋代的小姐姐們，最期待的節日是哪一天呢？

既不是辭舊迎新的春節，也不是榴花勝火的端午，更不是月圓人圓的中秋，而是雙星相會的七夕。

在這一天，雖然閨中女兒們也會為牛郎織女的「金風玉露一相逢」嗟歎，但她們更多的時間都是用在過節上。這一天是女孩們為自己「乞巧」的日子，要準備的可多著呢，不僅早早地就要捧出供奉織女的瓜果酒食，還要向月亮、天河虔誠地祈禱，許願讓自己擁有像織女一樣的慧心巧思。

怎樣才能乞得「巧」？方法多種多樣。有的是捉一隻小蜘蛛，放在精巧的小盒子裡，第二天打開，看織的網是疏還是密 —— 如果網細密完整，就說明自己乞到了「巧」，畢竟它可是大自然的超級織工之一，而神話裡的織女又恰好是雲錦天衣的織造人。

如果說這個辦法是依靠「天意」的話，那麼還有真正考驗眼力和手指靈巧程度的穿針比賽，女孩們用五色絲線穿過特製的七孔針或九孔針，比賽誰能又快又準地全數穿過。她們所憑藉的只有微弱的星月之光，要穿好還真是不容易呢！

[1] 出自北宋・朱淑真《七夕》。

　　宋代人過七夕，也絕對不會忘了買買買。畢竟，要有精緻的祭品貢獻給織女，才能讓她賜下巧來嘛！所以在七夕前三五天，街上的商鋪就格外熱鬧了。最受歡迎的七夕節好物應該是「磨喝樂」，它是泥塑或者木雕的娃娃，富豪之家也會用玉石雕刻，其大小不等，一般是童子手裡拿著蓮花蓮葉的造型，寓意吉祥。在「磨喝樂」的帶動下，小孩們也紛紛拿著荷葉展開cosplay，有的商家還會把荷花串在一起做成人工「並蒂蓮」來進行售賣。

　　其他流行的七夕擺設還有用黃蠟雕刻成的各種水鳥和魚類，塗上顏色，根據它的輕巧特性取名為「水上浮」。提前將綠豆、小麥等種子浸在水裡，讓它發出幾寸長的芽，再用紅藍兩色絲線束起來，這種綠植叫「種生」，也叫「生花盆兒」。此外，在小木板上敷一層泥土，撒下一些種子，長出小苗後，放上房屋、小人的模型，像是一塊微縮版的田野的，則叫作「穀板」。在這些小玩意的點綴下，宋代人的七夕自然更加熱鬧且富有情趣。

　　當然，「每逢佳節胖三斤」的鐵律在宋代的七夕也會應驗。七夕當天，人們要吃一種用油面和著蜜糖製作的點心，叫作「果食」，其形狀各異，極其精巧，味道當然也是香甜可口。如果購買一斤，賣家會加送一對披著甲冑的門神造型果食，美其名曰「果食將軍」。再加上七月被古代稱為「瓜月」，各種應季瓜果正是最甜蜜的時候，想要保持苗條身材的話，還真要適當地管住嘴呢。

觀燈
GUANDENG
萬家燈火春風陌，
十里綺羅明月天①

顧閃閃／文

　　既然來到宋朝，又站在了東京街頭，不打卡大名鼎鼎的元宵燈會，豈不是白來了這一遭？

　　「眾裡尋他千百度，驀然回首，那人卻在燈火闌珊處。」就連武將出身的硬漢辛棄疾也不得不承認，宋朝的燈會，那可是一個極易邂逅浪漫愛情的場合。動人的愛情都少不了氣氛組的烘托，妳愛的人可能沒法駕著七彩祥雲來娶妳，但他可以在元宵夜為妳包下一座燈山呀，就算沒這麼大手筆，小情侶在萬千燈盞下牽牽手，甜蜜濾鏡也是拉得滿滿的。

　　拋開這些不說，來都來了，總要買一盞別緻的燈帶回家。

　　正說著，就立馬有商販甲過來攬生意：「姑娘，走過路過不要錯過，來看看我們的萬眼羅燈。咱家的燈都是羅帛剪成，燈眼細密，紅白相間，點起來那叫一個漂亮！不喜歡的話，我這還有五色寶珠串成的『疊玉千絲燈』，燈光從通透珠子間溢出，如夢如幻，尤其是下邊這圈流蘇，搭配得剛剛好，您提出門去，那就是神仙娘子上街了！」

　　商販乙在一旁不屑道：「你這些尋常燈籠和我家的『玉燈』比起來，可差得

① 出自宋・邵伯溫《元夕》。

遠了。我這玉燈，通體都由無瑕的白玉製成，晃晃耀眼，如清冰玉壺，如此珍品才配得上這位小姐的出塵氣質。我這還有高麗國進貢的石燈，沉是沉了點，不過勝在稀罕，提在手上別有一番禪意。」

話音剛落，就聽商販丙笑出聲來：「黑乎乎的石燈也好意思拿出來現眼？你們的燈防水嗎？能動嗎？有隨時隨地播放皮影的娛樂功能嗎？說起汴京城的燈，那還是得買我家的皮影燈和走馬燈，拚的就是新穎搶眼，鄰街小夥伴看到都羨慕哭了！」

妳正在糾結，忽聽不遠處有人喊道：「快走！我們去看棘盆燈！」妳被人群裏挾著，往宣德門樓而去，只見御街百餘丈，都被棘刺圍住，號曰「棘盆」，儼然就像演唱會的隔離護欄。棘盆之中才是重頭戲，兩根數十丈高的長竿挑起了燈盞的骨架，竿上掛滿了鮮豔的錦帛彩繪，各式各樣紙糊的百戲人物燈懸於竿上，神態各異，巧奪天工。夜風吹過，錦帛飛舞，襯得紙人燈宛若飛仙，彷彿隨時能騰雲而去。

在燈山的兩旁，又各立著普賢菩薩和文殊菩薩的燈像，兩尊菩薩燈做得精巧至極，眼放金光，指溢甘霖，尊崇而又聖潔，引得觀燈百姓紛紛對著它們朝拜。這一夜，就連官家和皇后娘娘也會親臨宣德門，與民同樂，和百姓一起觀燈。妳若向百官群中望一望，興許還能找到王安石、司馬光、蘇軾等名人的身影呢！

三更時分，鑾駕回宮，方才還光彩耀目的數十萬盞燈，伴隨著禁鞭之聲，一時盡滅，觀燈的人群或滿足或遺憾地散去，奔著更加熱鬧喧嘩的夜市而去，繼續享受上元節的歡愉。

萬人空巷的燈市寄託著大宋的君臣百姓對太平盛世的嚮往，它就像一個縹緲而華麗的夢，短暫地隔絕了北方的硝煙，在元宵夜裡，盡情綻放，又轉瞬凋謝。

一向年光有限身，等閒離別易銷魂，酒筵歌席莫辭頻。

滿目山河空念遠，落花風雨更傷春，不如憐取眼前人。

——北宋·晏殊《浣溪沙》

Me 美人錄
MEIRENJI

文韜武略，獨步天下

* 養蠶博主曹皇后
* 傳奇皇后劉娥
* 巾幗戰神梁紅玉

曹皇后

種田VLOG

Caohu hou

養蠶高手

無心宮鬥

資深宮漂

和熹朱罧還威柄，明德猶疏抑外家。

曹皇后　皇后娘娘的種田VLOG

風小饕／文

「皇后娘娘又種田啦，快來圍觀啊 —— 歡迎慈聖光獻皇后入駐本站！」

點開某影音網站的首頁，大家的視線立刻被版頭的海報吸引。

海報中宮牆森然，圍住的卻是一大片生機盎然的綠色，有一身形纖瘦的女子側身望來，使人見之忘俗。這女子雖非傾國傾城，但長相端方溫婉，一雙眼眸似盛滿盈盈笑意、平和篤定。

這竟是一位皇后嗎？皇帝皇后們種田往往意在為天下人作出表率，一年之中抽出幾天來做做樣子，就這也值得大肆宣揚？

懷揣疑惑，順著海報點進這位皇后娘娘的頻道，我們發現頻道裡竟然已經有幾十個種田Vlog！

頻道簡介的位置，是這位皇后簡短的自我介紹：

> 慈聖光獻皇后曹氏，真定曹氏之女。曾在宋仁宗時代任皇后，在宋英宗時代任太后，在宋神宗時代任太皇太后，可謂資深「宮漂」。喜養蠶、愛種田，擅長飛白書。

一生之中竟然輔佐過三位皇帝？看來這位曹皇后很不一般。她靠什麼在鉤心鬥角的後宮中穩坐中宮、壽終正寢的？總不能因為她擅長養蠶種田吧？

帶著好奇，我們隨手戳開了頻道裡最新的影片。

大宋皇后 or 養蠶高手

畫面起初一片漆黑，伴隨著悠揚絲竹聲響起的，是摩擦紙張般的「沙沙」聲。

彈幕熱情刷過：「娘娘終於又更新了！」「每當我覺得活著很沒勁，就會來看娘娘的影片。」「娘娘、娘娘，蠶寶寶是不是長大了？」

似乎在回答彈幕的疑問，漆黑的畫面逐漸亮起，一隻又白又胖的蠶寶寶出現在畫面當中。

牠跟牠的兄弟姐妹們躺在一起，悠然自得地嚼著桑葉，影片最初的沙沙聲就是牠們發出來的。

鏡頭漸漸拉遠，讓觀眾們看清蠶房的全貌。這是一間十平方米左右的小房間，門窗緊閉，地上鋪著綠絨毯似的厚厚桑葉，數不盡的蠶寶寶們連睡夢中都彷彿能品嘗到美食的甘甜。

緊接著，緊閉的房門被輕輕推開，和陽光一同進入房間的正是曹皇后。她的頭髮簡單盤起，身著淺綠色褙子及深綠羅裙，穿衣風格素淨高雅。

她蹲下，十分熟練地拿起一隻蠶寶寶，放在手心裡把玩觀察，隨即笑著對隨她同來的藍衣姑娘說：「滔滔，這些蠶也快吐絲結繭了。」

影片中及時出現了介紹藍衣姑娘的字幕：宣仁聖烈皇后，乳名高滔滔，曹皇后之養女，宋英宗皇后，宋神宗之母。

離開蠶房後，曹皇后帶著高滔滔到桑樹下，準備採摘桑葉。只見皇后娘娘動作利索，全沒有高門貴女的嬌氣。高滔滔則不知從哪摸出一張白紙，笑嘻嘻地對曹皇后說：「娘娘，咱們又要回答觀眾的問題啦！」

「第一個問題：皇后娘娘的爺爺官拜周武惠王，是北宋王朝的開國元勳！娘娘既然是大家閨秀，為何幹起農活如此熟練？」

曹皇后抖抖摘下的桑葉，將之放入挎籃中，對鏡頭淡淡一笑，顯然並不為自己的身份自傲。

她平和地回答：「我們曹家雖是高門大戶，但畢竟是將門。雖教導女兒恭謹守禮、進退有度，卻沒把我們養成十指不沾陽春水的千金小姐。」

「是呢！」高滔滔點點頭，為皇后的話佐證，「娘娘十八歲進宮，一生勤儉，從不鋪張浪費。我記得慶曆八年是閏正月，有兩個正月十五。皇上在第一個十五辦了燈節，玩得十分盡興，便想在閏正月再辦一次，還是娘娘勸住了皇上！」

曹皇后並不居功，平靜地說：「也是因為皇上本是節儉又善納諫的明君。」

PART 二
撒嬌 or 自立

「好，那我們來回答下一個問題：曹娘娘，現代社會有『撒嬌女人最好命』這樣的說法，對此妳怎麼看呢？」高滔滔讀出第二個問題。

此時曹皇后正拎著滿滿一籃桑葉到井邊用清水沖洗，她略做思考後回答：「這個問題，讓我想到了溫成皇后……」

「娘娘！」聽到曹皇后提到這個人，高滔滔的小臉立刻垮下來，不快地跺腳，「好好的提她做什麼，您還稱她皇后！」

曹皇后淺笑：「溫成皇后是官家親自為張氏封的諡號，當然可以這樣叫。」

「提起這茬我就生氣！」高滔滔的五官恨不得皺在一起，「張氏去世的時候，娘娘還在后位上好好坐著，官家竟然讓她以皇后之禮下葬，後來更追封她為皇后，愣生生搞出了『一生一死』兩位皇后，引得朝臣譁然，令後人恥笑！」

「滔滔，不要再說了。」曹皇后擺擺手打斷養女的話，「都是過去的事，何必如此義憤填膺。現在不是在說撒嬌女人是否好命嗎，不要跑題了。」

見滔滔不吭聲了，曹皇后才一邊用紗布擦拭洗淨的桑葉，一邊慢條斯理地說：「溫成皇后張氏，八歲入宮，被一個姓賈的宮人領養。長大成人後，以美貌和出挑的舞姿迷倒了官家，寵冠後宮，為官家生下過三個女兒。

「按現在的標準看，她算是極會撒嬌的可愛女人，獨享帝寵多年，生前死後的風頭似乎把我都壓了下去……

「我也曾不忿過。記得也是慶曆八年，正月，有幾個衛士趁夜色到官家寢殿意圖襲擊，幸好被門口駐守之人發現。那天正是我在侍寢，聽到動靜不對，連忙攔住慌亂下想出逃的官家，關緊了殿門，命都知王守忠入宮平亂。

「我推測亂兵會縱火，便吩咐人帶著水跟在那些亂兵後面。果然那幾個喪心病狂的傢伙火燒宮門簾幕，想逼出官家，幸好我派去跟隨的人及時將火撲滅。

「為了激勵眾人的鬥志，我親手剪了那晚參與平亂的宮人們的頭髮，對他們說：『以頭髮為證，今夜奮勇平亂的，明日定論功行賞！』太監和侍從們大受鼓舞，果然爭先恐後地盡忠，很快平定了亂軍。

「這次變亂，我自認竭盡所能，處理得算是盡善盡美，上不辜負官家，下不失信於侍從，換了誰來，恐怕都不會比我處置得更好。

「但官家是怎麼做的？事情平定之後，他竟然大贊張氏，因為張氏聽聞官家可能有危險之後，從寢閣中跑出去想去見他——僅此而已，官家就說她護駕有功，將她升為貴妃。

「我知情後甚是委屈，但張氏盛寵日久，我多少也習慣了，只按部就班地給兵亂善後。經我調查，發現一名宮女與作亂的衛士有勾結，按宮規應是死罪。

「那宮女心知不好，跑去向張氏求情！張氏又替她在官家面前說情，官家……官家竟答應免除那個宮女的死罪。

「我能如何？得知官家的決定後，我命人拿出了我的皇后朝服，穿戴完後去覲見官家。時至今日，我還能回想那時破釜沉舟的心情……

「我請求官家依法處置宮女、肅清宮規，官家大概自知理虧，也溫言哄我，讓我坐下慢慢說。

「可我沒有，我坐不下！我只會直挺挺地僵立著，跟那嬌俏乖順的張氏一比，我知道自己木訥冰冷得像塊頑石。」

說到這裡，曹皇后自嘲般輕笑：「唉，如今想來，其實沒必要跟官家鬧得那麼僵。就算我坐下，輕言細語跟官家慢慢理論，他最終還是會處死那宮女。官家雖寵愛張氏，但畢竟是個能辨是非的明君。」

高滔滔的眼圈有點紅，訥訥地問：「那娘娘是後悔過去太刻板，不如張氏會撒嬌嗎？」

「我可沒有這麼說。」曹皇后素手執刀，開始將擦乾的桑葉切成細絲，「跟官家相處的方式可以有很多，我不後悔自己的做法。

「當年官家廢掉第一任皇后，詔曰『以求德門，以正內治』，為的就是娶有教養的女子來治理大宋的內政。所以我初進宮就明白，我來不僅是為做他的妻子，更是為做大宋的皇后。」

說到這裡，她玩味地笑了笑，道：「如張氏那樣會撒嬌的女人，看似好命，一生備受榮寵，蔭護家族，有深愛她的官家願為她冒天下之大不韙。

「可依我看，像我這樣不會撒嬌、堅守本性的女人活得也不賴，穩坐中宮二十八年，獲得了朝堂內外的交口稱讚。」

曹皇后將所有切好的桑葉裝好，返回蠶房，將桑葉撒下。隨後，她又帶著高滔滔來到地裡，拿起鋤頭開始翻土。

她將裙子繫高，露出裡面穿的垮褲，即使被泥土弄髒鞋襪也毫不含糊，鋤頭起落，農活幹得十分像樣。

她一邊忙活著，一邊補充：「女人再會撒嬌，也不可能事事順心。張氏夠惹人憐愛了吧？但她也有挨官家數落的時候。

「她啊，活著的時候就心心念念想當皇后，跟官家撒嬌想用皇后的儀仗出行。官家慣著她，不好直接拒絕，就將皮球踢給我，讓她來找我借，以為我會拒絕。結果妳猜我怎麼做？」她問也在揮舞鋤頭的高滔滔。

高滔滔擦擦臉上的汗，好奇地睜圓眼睛：「娘娘怎麼做的，有沒有狠狠地拒絕她？」

「我並沒有拒絕她，相反，如她所願，痛快地把儀仗借給了她。張氏得意壞了，官家卻對我心懷愧疚，意識到對張氏嬌寵太過，將她呵斥了一頓，聽說她把眼睛都哭腫了。」

「哈哈哈！」高滔滔掐腰，痛快大笑，「還是娘娘有辦法治她！」

「我這哪裡是有辦法治她？」曹皇后笑著搖頭，「不過是避其鋒芒、處處忍讓罷了。要說能治住她的，還要數前朝的官員，比如包拯。」

高滔滔十分興奮：「啊，是那位『日審陽、夜審陰』的包青天包大人嗎？」

曹皇后答道：「正是他。包拯這人，果真剛正不阿、言辭犀利。有一陣子，張氏想請封她的伯父張堯佐為宣徽南院使，可官家在朝堂上一提，就遭到台諫官們的激烈反對，包拯就是其中一員，他還勸官家『斷以大義，稍割愛情』。官家被說服了，可張氏不死心，對官家軟磨硬泡，官家也鬆口，答應一定會給張堯佐這個顏面。

　　「那天，張氏送官家去上朝，一路給官家加油鼓勁兒，到宮殿門口不能往裡進了，還摸著官家的背叮囑他：『不要忘了宣徽使的事！』官家點頭，雄赳赳氣昂昂地進殿上朝，剛準備下任命詔，包拯就又出來進言，大談不能任命張堯佐的種種理由。官家能怎麼辦，他若真敢任命，一定會被諫臣的唾沫淹死，只能按下不提。」

　　高滔滔捂著嘴笑：「不愧是那位包大人！」

　　曹皇后停下鋤地，杵著鋤頭擦擦滿頭的汗，道：「是啊，不愧是他。

　　「官家回後宮之後，張氏滿懷期望地來迎他，剛想問事情怎麼樣了，官家就一邊擦臉一邊回她：『妳就知道要宣徽使，不知道包拯是諫官嗎！他今天上了殿，唾沫都濺到朕臉上了！』張氏也知道包拯不畏權貴，有他們這些言官盯著，宣徽使沒戲了，這才作罷。」

　　「所以呢，」曹皇后望向鏡頭，「即使是在女子不得不依附男子而活的時代，撒嬌也不能讓人萬事順遂，心想事成。想要得償所願，靠誰都不如靠自己，要我說，勇敢做自己、自力更生的女人才最好命！」

　　彈幕大軍積極響應：「啊啊啊，娘娘看我了！娘娘說得對啊！」

　　「這滿頭滿身的汗好真實啊，娘娘幹農活流汗的樣子明明很狼狽，我卻覺得她好像在發光！」

　　「娘娘說得對，靠誰都不如靠自己！」

　　伴隨著祥和溫柔的背景音樂，曹皇后和高滔滔在田地間勞作。時值四月，春意盎然，兩位女子將早就準備好的玉米種子播撒到翻好的土地中，再填土澆水。

PART 三
關於孩子

　　一直忙到正午時分，兩人才換了一套衣服，到田地附近的涼亭中休息。

這片田地位於曹皇后宮殿的後方，蠶房外種著幾棵桑樹。桑樹與農田之間有長廊小路相隔，田裡有剛剛播種好的玉米、生機勃勃的麥苗，還有些北方常見的蔬菜作物。靠近亭子的地方有一口水井，方才曹皇后就是從這裡打水澆地、清洗桑葉的。

喝過早春新茶，高滔滔又把寫了問題的紙拿在手裡：「娘娘，我要問第三個問題啦。」

曹皇后放下茶杯，點頭道：「請講。」

「第三個問題……」高滔滔有些不快地蹙了蹙眉，「請問皇后娘娘，沒有生育過孩子的人生是不是失敗的人生呢？真是無禮，娘娘，我們乾脆跳過這個問題！」

曹皇后為自己斟茶，並不氣惱：「的確是個有些尖銳的問題，不曉得提問的小友是否知曉，我終生都未給官家誕下一兒半女。

「在我們這個時代，女子無嗣被視為罪過，在我之前的那位郭皇后，更是被官家以『無子』為由廢掉……那些年，我的確因此心驚膽寒、寢食難安……

「可如大家所見，我並沒有因此失去后位。這也許是因為我擅長管理後宮、素有賢名，是官家的賢內助，也許是因為一日夫妻百日恩，官家到底念著我們之間的感情……不管是因為什麼，沒有子嗣這件事並未毀掉我的人生。」

高滔滔乖覺地坐得離曹皇后更近些，甜甜地說：「娘娘雖無親生的子嗣，卻有我們這些養女相陪啊。」

曹皇后輕撫高滔滔的秀髮，含笑點頭：「不錯，我膝下無子，便按慣例從宗族和朝臣家裡接了一些孩子到宮中撫養。

「滔滔是一個，趙宗實也是一個。我們滔滔和宗實青梅竹馬、兩小無猜，後來由我和官家做主成親。滔滔從我的宮殿出嫁，留下『皇上娶媳、皇后嫁女』的佳話。若滔滔是我的親女，反而沒了這齣，豈不遺憾？

「終生不曾生育子嗣一事，我是有些介懷的。」曹皇后坦率地說，「後宮之人

沒有一兒半女陪伴，著實煎熬。再加上我自小被家中長輩耳提面命，女子就是要為男子生兒育女才算圓滿，每每思及，總是悵然若失……可若說沒有生育過的人生便是失敗的，我定不認同。家禽尚可司晨產卵，牲畜亦會耕田產乳，更何況人？繁衍子嗣雖然重要，但沒有人活一世只為生兒育女的道理。

「我雖然沒生育，但終生沒墮曹氏女的聲名，盡到了一國之后的本分，自認並不失敗。」曹皇后飲茶潤喉。

「話說回來，便是那並非高門貴女，當不了主母皇后的女子無兒無女，也不能斷言她人生失敗。不用生兒育女、相夫教子，省下大把時間，只要仔細經營、奮發向上，自然也是能報效家國的好女子。」

「娘娘，您真好！」高滔滔抽抽鼻子，依戀地環住曹皇后的腰，臉在皇后肩上蹭了蹭，引得曹皇后笑她：「多大的人了，還做這種小女兒情態。」

「小女兒情態怎麼了？」滔滔哼哼唧唧，「我在娘娘面前，永遠是不懂事的小丫頭！」

兩人談笑一陣，便命人撤了茶，在亭中擺膳。曹皇后一生節儉，所用膳食並非山珍海味，但也色香味俱全，配著亭子外宮苑中的大好春色，著實令彈幕上的觀眾們垂涎。

「看起來好好吃哦 ——」「怎麼辦，手裡的披薩突然不香了？」「鬼故事，看進度條！進度條要撐不住了！」「不要啊！娘娘種田養蠶喝茶聊天我能看一輩子！」

PART 四 娘娘的才藝

雖然觀眾們苦苦挽留，但影片的進度條還在無情地往後走。

用完午膳，稍做歇息，曹皇后便命人在亭子裡擺上筆墨紙硯，準備焚香練

字。鏡頭對準了娘娘的桌面，彈幕上一片驚奇：「這是什麼字體，怎麼筆劃當中有留白？」

「這是娘娘很擅長的飛白書啊，娘娘書法好可是史書都有記載的，前面的都是新粉？」

似乎猜到觀眾們的疑惑，皇后娘娘寫過幾個大字後，溫言細語地對著鏡頭解說起來：「我寫的是飛白書，這種字體的特點是筆劃絲絲露白，燥潤相宜，像是用枯墨之筆寫成。

「根據傳說，這種字體由東漢書法家蔡邕發明，他曾見一工匠用笤帚刷牆，刷得極不均勻。這種不均勻卻給了他靈感，他找來一些竹子，將之劈成細條，又模仿笤帚的樣子綁成扁形竹筆，飽蘸濃墨快速運筆，就寫出了這種有一絲一條露白的書體。

「飛白書誕生之後，因其獨特的審美和書寫的趣味性而備受推崇，一直被運用在碑匾之上。唐朝的幾代帝王都很推崇飛白書，比如唐太宗李世民經常以飛白書賞賜大臣。到宋代，飛白書的發展達到高峰。

「像我的夫君就極愛飛白書，曾說：『朕聽政之暇，無所用心，以此自娛耳。』他的飛白寫得極好，名臣晏殊曾作《飛白書賦》頌揚官家的飛白書曰：『空蒙蟬翼之狀，宛轉蚪蟉之形。爛皎月而霞薄，揚珍林而霧輕。』」

說到這裡，曹皇后對鏡頭展示自己手裡的筆，那支筆不同於普通的毛筆，筆桿乃是相思木製成，筆頭扁平如同刷子。她解釋道：「這是特殊的飛白筆，與真宗皇帝留給官家的木皮飛白筆相仿，是專門用來寫飛白書的。」

介紹完畢，她再次運筆，用飛白書的技法在紙上寫下小篆體「國泰民安」四個大字。

彈幕立刻劃過一大片「舔螢幕！」「教練，我想學飛白書！」「教練我也想學，娘娘教我！」

伴隨著空靈的背景音樂，影片裡的曹皇后從午後練字至黃昏，她身上寧靜

平和的氣質似乎能感染每個看影片的人。

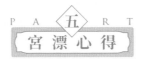

PART 五　宮漂心得

在進度條即將結束的時候，曹皇后終於放下手中的飛白筆，在高滔滔的陪伴下，再次漫步於宮苑的田壟間。攝影師不遠不近地跟著，拍攝著兩位女子的背影，傾聽她們的交談。

高滔滔挽著曹皇后的胳膊，親昵地問：「娘娘，您回答了許多觀眾的問題，能不能也回答一個我的問題？」

「好呀，妳只管問。」

「您在自己的個人簡介裡寫，您是一個『宮漂』，這是什麼意思？」

曹皇后沉默很久，許是在思索，她抬頭看看漫天紅霞，反問滔滔：「妳覺得這後宮是妳的歸屬之地？」

「當然啦！」高滔滔說，「我幼時進宮被您養在身邊，後來在這裡當了皇后又做了太后，這裡當然是我的歸屬之地，更是我的家呢……」

曹皇后輕歎：「宗實與妳感情甚篤，膝下的四兒四女皆由妳所出。後來仲鍼繼位，那也是個極好的孩子，妳從皇后順順當當變成了太后……在這宮裡，妳有丈夫，有子女，還有我這個『養母』，而我呢，我在這宮裡有什麼？

「為了助我做好這個賢后，曹家主動辭謝皇帝的封賞，我坐鎮中宮多少年，曹家就有多少年不敢沾染朝堂要職，唯恐染上外戚坐大的汙名。

「尋常人家的姑娘出嫁還能回娘家，跟親人說說體己話，而我十八歲入宮後，卻再也沒單獨見過我的家人，與他們閒話從不避諱宮人，唯恐落下口實。

「嘉祐八年，官家深夜駕崩，我強壓悲痛，收繳宮門鑰匙。宮門緊閉，直到天亮兩府重臣入宮，才敢宣佈官家辭世，連詔書都是我盯著忠臣擬的，將英宗

穩穩扶上帝位。

「本以為將最兇險的皇權交接熬過去，一切都會好起來。誰知宗實體弱重病，我耐不住重臣懇請，不得不垂簾理事，後來也架不住小人挑唆，中間到底與宗實生了些齟齬。直至宗實去了，仲針登基，我才終於安享晚年……

「滔滔啊，妳說這宮牆深深可是我家？我在這裡究竟奉獻了多少，又得到了多少？貴為皇后，究竟是我的幸還是不幸？我出身曹氏這樣的名門，倘若不嫁皇帝，嫁個文臣武將，又或者只嫁個知情識趣的書生，會不會比當皇后過得更快樂？」

「娘娘……您怨恨嗎？」滔滔小聲問。

出乎她意料，曹皇后搖搖頭：「不，我不怨恨。與貧民家如豬狗般被打罵販賣的女子相比，妳我過的都是神仙般的日子。我們身上的枷鎖和悲劇是時代造成的，任誰都打不破、跳不出，甭管是做皇后還是太皇太后，都不得自在、不得痛快。

「可是現在，影片之外的世界已經不一樣了。」

她說著，從滔滔懷裡抽回自己的手，快走幾步，在田間深呼吸幾次，像展翅欲飛的鳥兒一樣高舉手臂：「我從不怨恨命運，只是忍不住暢想──

「如果我有得選，定不會投胎在我的時代，定不會做曹氏女，也不要做什麼勞什子皇后，跟張氏爭寵！

「如果我有得選，我便要去這宮牆困不住人的時代，去再無王公貴族的地方！

「如果我有得選，我不要做天下最尊貴之人的妻子，不要做驍勇善戰之人的孫女，我要親自去爭一爭位高權重，親自橫刀立馬，駐守天下！

「我要去開闊的平原種穀割麥，要染出最漂亮的蠶絲、織出最美麗的綢緞！我要放聲高歌，為所有令我心折的美景寫詩題字……」

她良久地凝望天空，半晌緩緩放下手臂，回身望向高滔滔，也望向追隨她的攝影機，望向攝影機外的觀眾們。

她的臉上沒有淚水，只有釋然和充滿鼓勵的笑容，以火燒般絢爛熱烈的晚霞和生機盎然的田地為背景。她望著所有注視她的人，充滿嚮往地說：「我沒得選，幸而如今的許多人可以選擇，不是嗎？」

曹皇后

人物資料卡

曹皇后（1016年—1079年），名字不詳，真定靈壽人。她是宋朝宋仁宗趙禎的第二任皇后，出身於高門世家「真定曹氏」，於明道二年（1033年）入宮，並在景祐元年（1034年）被冊立為皇后，世稱曹皇后。

曹皇后熟讀經史，善飛白書，性情慈愛寬容，為人謹慎又不失擔當。她還重視稼穡，常常在宮苑內種植穀物、養蠶採桑，是北宋乃至宋代最具賢名的皇后之一。

曹皇后有勇有謀，極具巾幗風度。宋慶曆八年（1048年）正月，有衛士作亂直趨仁宗皇帝的寢殿。面對慌亂，曹皇后臨危不懼，攔住欲出逃的皇帝，正確應對放火的亂兵，以剪髮論功行賞激勵太監、侍從作戰，最終消滅亂兵。

曹皇后雖終身未生育子女，但她仍憑藉著謹慎和賢德，保住自己的皇后地位，正位中宮達28年之久。宋仁宗於遺詔中評價她：「皇后以坤儀之尊，左右朕躬，慈仁端順，聞於天下。宜尊皇后為皇太后。」

劉娥

逆風翻盤　向陽而生

Liue

絕地求生
她離皇帝
一步之遙

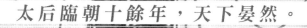

太后臨朝十餘年，天下晏然。

劉娥　逆風翻盤，向陽而生

三心草Flora/文

　　什麼？一個十五歲從家鄉北漂到首都且終生無法生育的底層歌女，憑藉自己的努力，在封建男權社會裡，竟然成為母儀天下的皇后，進而成為國家的最高統治者？

　　電視劇都不敢這麼寫。

　　正所謂「眼界決定境界，格局決定結局」。

　　只見一個雍容華貴的美少婦從內殿緩緩走出：「不好意思，這就是我拿的大女主劇本，我的名字叫劉娥。」

蜀地孤女

　　有詩云：「三萬里河東入海，五千仞嶽上摩天。遺民淚盡胡塵裡，南望王師又一年」，這是宋。

　　又有詞云：「東南形勝，三吳都會，錢塘自古繁華。煙柳畫橋，風簾翠幕，參差十萬人家」，這也是宋。

　　北宋時期的四川成都，人民安居樂業，一片欣欣向榮。

我們的女主角劉娥，就出生在這裡。

劉娥本是山西太原人，其祖父劉延慶是五代時期的大將軍，父親劉通在宋太祖時，曾經做過嘉定刺史。

但這些吧，聽聽就算了，未必是真的。

畢竟每一個大女主，都必須要有一個極其悲慘的身世。

所以，上天就對劉娥這位天選之女出手了。

雖然出生於官宦之家，她卻妥妥地分得一手「爛牌」。剛出生不久，父母相繼去世，成為孤兒的劉娥只好由祖母收養。

為了謀生，她很小就開始學習才藝，她的模樣標緻，嗓音清脆，就像山野裡一朵盛開的百合花。

可當天真爛漫的劉娥漸漸長大，聽到身旁的女伴們一個個都開始抱怨原生家庭的傷害，她這才發現自己竟然連原生家庭都沒有。

劉娥聰穎，很快成為遠近聞名的小歌女。因為家境貧寒，年齡稍大後，她便被嫁給當地一個叫龔美的銀匠。

史書記載：劉娥「善播鞀」，「鞀鼓」也就是現在俗稱的撥浪鼓。

成婚以後，丈夫龔美帶著劉娥去汴梁城討生活，街頭賣藝的日子常常食不果腹、饑寒交迫。為了不讓劉娥餓死街頭，龔美就把她賣到張耆的府裡，做了歌姬。

所以說，沒事不要老宅在家裡，多出去走走。誰知道機會正在哪個角落等你呢？

彼時，張耆是宋太宗的皇子趙恆的屬下，趙恆到屬下家裡串門兒，免不了要歌舞助興。

川妹子劉娥長相甜美、身姿曼妙，再加上她悠揚的歌聲、得體的談吐，趙恆看在眼裡，記在心裡，對她一見鍾情。

但高貴的天家怎麼會允許皇子與街頭賣藝的女子廝混？

更何況，這名女子還是個有夫之婦！

雖然後來《宋史》為尊者諱，隱去了「劉氏始嫁龔美」一節，但劉娥二婚改嫁的事實還是為她日後的人生增添了幾抹傳奇色彩。

為了拆散這對鴛鴦，趙恒的老爹宋太宗使出了兩招：一是把劉娥趕出宮去，二是給趙恒娶媳婦兒。

趙恒不敢違抗聖旨，又捨不得劉娥，明面上娶了潘美的女兒潘氏，暗地裡卻把劉娥安置在張耆的書房。

這一住，就是十五年。

五千四百多個日日夜夜，說來輕巧，但真正置身其中，如人飲水，冷暖自知。

面對突如其來的變故，劉娥並沒有像平常女子一樣驚慌失措。她鎮定自若地接受命運的安排，養精蓄銳，默默努力。

這就是一個大女主應有的自我修養。

宋朝的儒雅之風薰陶了這個遠道而來的蜀地孤女，劉娥深知趙恒與龔美的不同，也深知以色侍君者，色衰而愛馳。

所以，她只有不斷學習，不斷提升自己的能力，有朝一日，才能與趙恒肩並肩站在金碧輝煌的城樓上，俯瞰眾生。

十五年的金屋藏嬌，也讓劉娥用十五年的時間，把張耆家中的藏書都熟讀了一遍，完成了從花鼓藝人到經綸才女的蛻變。這是她人生的第一次躍遷，也奠定了她在不久的將來飛黃騰達的基礎。

許多年以後，當劉娥回首往事，一定會感激當時閉門苦讀的自己。

誰說女子無才便是德？

要讓劉娥來講，學習，永遠是自我賦能的最佳途徑。

歲月如飛刀，刀刀催人老，皇帝也不例外。

公元997年，宋太宗駕崩，趙恒繼位，也就是後來的宋真宗。劉娥心中暗自歡喜，因為她知道自己的轉機終於來了。

果然，沒有了老爹的約束，趙恒登基後做的第一件事，就是把劉娥接進宮裡。

彼時的潘氏早已因病去世，趙恒的王妃是宣徽南院使郭守文的女兒郭氏。趙恒繼位兩個月後，便冊立郭氏為皇后，而劉娥也坐上了四品美人之位。

那麼，問題來了。

全天下都知道劉娥曾經是個在街頭賣唱的藝人，如今她也算身居高位，麻雀變鳳凰，總有這些黑歷史拿不出手吧？

所有問題都有解決的辦法，何況這些問題對如今的劉娥來說，根本不是問題。

她隨手為自己編造了一個逆境求生、自強不息的正能量故事，反正也沒有辦法求證。

龔美？咳，你們都想歪了，他根本不是我老公，他是我表哥啊！

完美，簡直完美至極。

但皇帝身邊從來不缺乏美人。

彼時，初入宮廷的劉娥已經三十六歲，儘管洗白了履歷，可在一眾活色生香的嬪妃中還是不具備競爭力。雖有趙恒的喜愛，但後宮爭鬥水深火熱，她又能靠什麼脫穎而出？

答案是：知進退，懂分寸。

有了文化知識傍身的劉娥，再不是從前那個懵懂無知的野丫頭。

她用一腔似水柔情俘獲了趙恒的心。每當趙恒為國事煩憂時，她便引經據

典、舉重若輕地為他分憂；每當趙恒為家事困擾時，她便撫琴放歌、貼心安慰。相比那些爭風吃醋的妃嬪，這樣知情識趣的劉娥無異於一股清流，令趙恒如沐春風，因此對她恩寵有加。

史書記載：「劉后性警悟，曉書史，聞朝廷事，能記其本末。」

這足以說明她的心性。

而也正是憑藉她經年累月修煉出的這一股淡雅氣質，劉娥才真正成為趙恒的左膀右臂。她在宮中低調沉穩，不僅禮敬郭皇后，更與各宮嬪妃友好相處，從不搬弄是非，也不恃寵而驕，終於在爾虞我詐的後宮贏得一席之地。

大女主的人生註定是開掛的人生。

如今，劉娥本事有了，人脈也有了。在此後的漫漫宮廷歲月中，她更是順風順水，獨得趙恒寵愛，收穫了美滿愛情。

啊，真教人羨慕。

立為皇后

常言道：做人嘛，最重要的就是開心。但除了開心，人還是應該有點兒更高級的追求。要不然，辛辛苦苦十幾年幹嘛呢？

要不然，做一下皇后怎麼樣？劉娥想。

理論上是可以的，因為宋景德四年（公元1007年），郭皇后因兒子趙佑夭折，傷心過度，不幸病逝。

趙恒想立劉娥為后。

但劉娥出身低微，沒有子嗣，早已喪失了生育能力，完全不符合立后的條件，遭到了群臣的激烈反對。

趙恒安排翰林學士楊億起草封后詔書，並許以榮華富貴，但楊億公然拒絕，說這是對自己祖上的羞辱。

大臣們則一致推薦立宰相沈倫的孫女，十四歲的沈才人為后。趙恒當然不樂意，於是乾脆實行拖延政策，讓後位虛懸了好幾年。

不過，好在劉娥是一個擅長等待的女人。

三年後，轉機又來了。

有一日，劉娥身邊的侍女李氏夢到仙人下降為子。趙恒和劉娥大喜，想到了一個「借腹生子」的妙招。

李氏被安排侍寢，很快有了身孕。趙恒便向朝臣宣佈，劉娥有孕，晉封為修儀。

大中祥符三年（公元1010年），李氏生下一子趙受益，即後來的宋仁宗趙禎。孩子一出生，就被抱由劉娥撫養。

當時，趙恒子嗣稀薄，五個皇子一個也沒活過十歲。因此，李氏生下的這個孩子格外金貴，也成為劉娥晉升皇后的重要籌碼。

只可惜，朝中仍有不少人質疑這個兒子的真實性，還是沒有多少人贊成趙恒要立劉娥為后的提議。

就這樣，一耗又是兩年。

終於，趙恒憤怒了。

我自己的老婆，我說讓她當皇后就當皇后，憑什麼要你們同意？

於是，大中祥符五年（公元1012年），在孩子長到兩歲的時候，趙恒不再顧及朝中的反對聲音，先晉劉娥為德妃，再直接下了一道詔書，在未舉辦封后儀式的情況下，立劉娥為皇后。

此時，劉娥四十四歲。

雖然她的這次晉封無人祝福，但強大如劉娥，毫不在意。

這段故事，後來被改編成「狸貓換太子」，通過話本和雜劇在民間廣為流傳，劉娥從此背上了「洗不盡的汙名」。

但我們的女主角劉娥一臉茫然。

怎麼還有番外劇情？這可是另外的價錢！

歷史的真相是，身為皇后的劉娥並沒有像宮鬥劇裡那些削尖了腦袋爬上后位，就開始胡作非為的女人一樣，她不爭寵、不嫉妒。

在掌權之後，她將李氏也封了宸妃，還不斷提升李氏的地位，兩人關係非常要好，李宸妃死後，劉娥甚至還用皇后之禮安葬了她。

史書記載：「凡處置宮闈事，多引援故實，無不適當者。」可見劉娥具有卓越的管理才能，也正因如此，趙恒對她愈發倚重和信任。

高雅的氣度令劉娥每到關鍵時刻，都能夠審時度勢、深藏不露，實現了人生的第二次躍遷。她是趙恒的白月光，也是他的朱砂痣。趙恒就連外出巡幸，也要帶上她。

或許從那時起，劉娥心裡就已經有一顆小小的種子在悄然萌芽。皇后絕不是她權勢的終點，大宋王朝還有更重要的使命，等待她去完成。

臨朝稱制

公元1016年，趙恒中風，此後他的身體情況一直不太穩定，政事基本上都交給劉娥處理。

四年後，趙恒的病情再次加重，連說話都困難，於是下詔：「此後由太子趙禎在資善堂聽政，皇后賢明，從旁輔助。」

這份詔書相當於正式賦予了劉娥裁決政事的權力，將她從幕後推到了台前。

從某種意義上說，在中國古代，每一位成功女人背後，都有一個身體不好的男人。比如唐高宗與武則天，比如遼景宗與蕭太后，再比如宋真宗與劉娥。

然而，作為大宋的第一位攝政皇后，劉娥面對的反對力量，也是空前強

大。站在第一線的，便是名臣寇準。

寇準是個了不起的人物，他一腔熱血，忠貞為國，非常能幹，曾領導大宋軍民抗擊遼國，在地方治理方面也是政績斐然。

可儘管寇準居功至偉，卻和許多士大夫一樣，對女性抱有偏見，是個典型的「大男子主義者」。當初趙恒欲立劉娥為后，寇準就明確反對。眼見劉娥漸攬大權，寇準更是坐立不安。

於是，寇準向皇帝建議，讓年少的太子趙禎監國，這樣不僅能鍛煉他的政治才能，還能有效地制衡劉娥專權。

趙恒本來已經同意，但寇準他老人家太自以為是，人家皇帝剛答應，他就急忙讓手下草擬詔書。更要命的是，寇準喝醉了酒，還把這事兒給說漏了嘴。結果，話傳到丁謂的耳朵裡。

丁謂抓住機會，向皇帝進言，誣陷寇準「矯詔」，並要求罷免寇準。趙恒只好裝糊塗說自己沒答應讓太子監國。

最終，寇準被罷相，做了冤大頭。更倒霉的是，寇準還有個沒頭腦的親信，名叫周懷政。他不甘寇準被罷免，竟想以政變的方式殺掉丁謂，廢去皇后，讓趙恒做太上皇。這波無腦操作，不僅讓周懷政掉了腦袋，也徹底斷送了寇準的政治生涯。

而在剷除寇準的過程中，劉娥幾乎沒表過態，一切全靠丁謂張羅，她只在後方掌控著局勢，所謂「螳螂捕蟬、黃雀在後」。

宋仁宗乾興元年（公元1022年），趙恒駕崩，十一歲的趙禎繼位，史稱宋仁宗。

皇帝這麼小，能做得了什麼呢？當然還是需要母親的輔佐，於是，五十四歲的劉娥開始了垂簾聽政生涯。

不得不說，劉娥真是個傑出的政治家。

大中祥符元年（公元1008年），宋真宗發起了被《宋史》稱作「一國君臣

如病狂」的「天書運動①」。長達十餘年的「天書運動」使得宋王朝陷入混亂，人力、財力、物力大為受損。

劉娥臨朝以後，面對「孤兒寡母」的艱難處境，她採取「守成」的態度，下令將「天書」隨同宋真宗一起下葬永定陵，停止天下宮觀的營造，禁止宣揚迷信，徹底終結了這場擾動大宋王朝多年的「天書運動」。

劉娥雖然睿智，但當她一個人面對諸多事務時，仍不免勢單力薄。

夕陽西沉，她頭戴金冠，獨自坐在朝堂上，顯出些許落寞。放眼整個朝廷，她真的不知道滿朝文武對自己忠心的又有幾個。

甚至連曾經幫助過她的宰相丁謂，也是心懷巨測。

丁謂野心勃勃，想借機架空劉娥，挾天子以令諸侯，把她和趙禎這對母子玩弄於股掌之間。

劉娥目光如炬，早已看透丁謂的不臣之心。她暗中派人搜集丁謂的罪證，尋找機會除掉他。等到時機成熟，劉娥當著眾多大臣的面，將丁謂欺上瞞下，與宦官雷允恭勾結的證據公佈於眾。

丁謂機關算盡，最終落得被貶崖州，客死他鄉的淒涼結局。

幾年後，劉娥又以謀反之罪除掉了朝廷的另一個隱患曹利用。時局逐漸走向平穩，她協助趙禎順利完成了政權的平穩交接。

此後，由於對變法持保留態度，劉娥獲得了守舊老臣的支持與配合，又借封賞之名拿到了官員的親屬名單，表面上說是要照顧功臣，實際上是為了控制官員推薦親屬入朝，杜絕了官員引進私黨、拉起黨爭的可能。

同時，她還任用名臣，大赦天下，寬徭息兵，在創設諫院、發行交子、澄清吏治、興修水利、完善科舉、興州辦學等方面都做出了巨大貢獻。

---

① 在「澶淵之盟」的背景之下，宋遼議和對「天無二日」的中國中心論造成巨大衝擊，宋真宗悶悶不樂，王欽若向真宗建議：「陛下以兵取幽薊，乃可滌此恥。」真宗很不願意發動戰爭，王欽若又建議：「惟封禪可以鎮服四海，誇示外國，然自古封禪，當得天瑞希世絕倫之事乃可爾。」於是，宋真宗發起了「天書運動」力圖借助符瑞、封祀道教，昭示天命、粉飾太平。

劉娥在大宋的舞臺上，舞出了不一樣的風姿。

除了個人努力，大宋「重文輕武」的政治環境也給了她施展才能的機會。沒有大規模的戰爭和內亂，劉娥得以在一個雅致的時代華麗轉身，完成了她的第三次躍遷，也為日後的「仁宗盛景」打下了堅實基礎。

劇情來到高潮，這樣一個人，這樣的行為做派，你想到了誰？

是不是像極了武則天？

沒錯，不僅我們想到了，大宋朝廷中的那些大臣也早就看出來了。

女帝風波

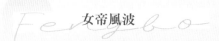

今晚的月色很亮，卸掉白日裡周身的防備，劉娥粉黛不施，倚窗而立。

或許她從沒想過，以自己開局的資質可以來到一個帝國的權力中心。

多年的苦心經營使她冷靜，但又有一種渴望無時無刻不在身體裡蠢蠢欲動。沒有人知道，當距離皇位只有一步之遙時，劉娥有沒有想過效仿武則天，自己來當這個皇帝。

劉娥曾在上朝時，問眾位大臣：「唐之武后，是什麼樣的女人？」

眾臣回答：「唐之罪人，差一點兒就斷送了大唐的江山社稷。」

劉娥聽後沉默不語。

殿中丞方仲弓上書，請劉娥「行武后故事」，權知開封府、後來入朝拜相的程琳也獻上《武后臨朝圖》，都在暗示劉娥稱帝。

劉娥詢問眾臣看法，眾臣皆不敢言語。

只有剛直的魯宗道說：「這樣做，又將當今皇帝置於何處？」

劉娥思索片刻，最終還是將鼓動她稱帝的奏章撕碎，擲於地上：「我不做這

種對不起大宋列祖列宗的事！」

但欲望這種東西，一旦開啟，便再難回避。

明道元年（公元1032年）十一月，劉娥做出一個驚人的決定。她將於翌年二月，身著帝王之服去大宋王朝的太廟行祭祀大典。

眾臣聽說後，極力反對。

尚書、禮部侍郎薛奎進言：「太后身著帝王服飾，在太廟行禮時，是行男性皇帝的禮，還是女性后妃的禮？」

劉娥一時也無法作答。

明道二年（公元1033年）二月，雖遭大臣激烈反對，劉娥仍決定再次到太廟祭祖。

那一日，晨光熹微，劉娥乘坐裝飾著琬琰象牙的玉輅，穿著皇后專享的深青色禮服，戴著為后妃定製的鳳冠，雍容華貴，光彩照人。一切如往常一樣，沒有任何僭越。

到了太廟，落轎停車，劉娥並沒有立刻向祖宗牌位祭獻，而是來到偏殿，換上另一套裝束：著袞服、戴冕冠，一如皇帝穿戴。

不過，她將袞服上十二種圖案減去兩種，變為十種；冕冠上的垂旒由十二道減為九道。有史以來，還沒有后妃戴過這種九旒的冕冠，劉娥特意給它取了個名字，叫儀天冠。

儀者，匹配、比肩之意，天者，至高無上也。劉娥恰如其分地將自己的皇帝心思表達在服裝禮儀上，又通過減少圖案和垂旒顯示出謙恭，以示與皇帝的區別。

裝束停當，祭獻儀式正式開啟。劉娥以皇太后身份首獻，跪拜在大宋歷代帝王的牌位之下。

劉娥心裡默念：「我打理江山十數載，海晏河清，國富民安，上不負先皇，下呵護幼帝，這裡也應有我一席之地。」接下來皇太妃、皇后、妃嬪依次獻祭，

一切進行順利。

這樣的舉動，已明晃晃地昭示了劉娥的野心。

但聰穎如她，又怎會打無把握之仗？

劉娥深知，自己和武則天相比，缺少強大的娘家支持。

宋朝不像唐朝，具有開放的社會風氣，而劉娥出身卑微，也沒有強大的外部政治勢力支持，再加上宋朝的「祖宗家法」制度，連宋太宗都不敢逾越宋太祖制定的一系列準則，這些都令她的稱帝之路難上加難。

在場的所有人都戰戰兢兢地看著祭獻儀式結束，等待劉娥宣佈那個驚世駭俗的決定。

然而，並沒有。

劉娥朱唇輕啟，緩緩地說：「十一年了，我垂簾聽政十一年，終於結束了。從今天起，我要還政於我兒趙禎。」

所有人都長長地舒了一口氣。

罷了，劉娥想，與其橫衝直撞，去搏一個皇帝的頭銜，倒不如兢兢業業，在史冊上留下一個「賢后」的聲名。

離開太廟時，初春的陽光明媚、溫暖，風中夾雜著花草的芳香。劉娥感到自己的人生臻於完美，了無遺憾。

後來，名相富弼曾上書趙禎，回顧這段往事：「當日，章獻明肅皇后臨朝，陛下受制於人，皇權微弱。而章獻明肅皇后最終沒有像唐代武則天那樣謀朝篡位，全賴忠臣的救護，使得章獻明肅皇后不得不克制欲望。陛下可以保全皇位，實是這些忠臣之功。」

也許吧。

但不管真相如何，後人評價她「有呂武之才，無呂武之惡」，已是極高的讚譽。

沒有等來女主角的「黑化」，我們這些看客頗感失望。

不過，還有另外一個重要原因，可以解釋劉娥沒有稱帝的行為，那就是宋朝恢復了儒家的崇高地位。

大宋充分認識到了儒家文化對維繫社會穩定的作用，於是更加注重對儒家文化的宣傳、普及。

雖然對女性的約束不如明清時期那麼嚴格，但女性的地位已經無法和唐朝相提並論。在傳統儒家文化的制約下，劉娥終究很難做出違背「儒家綱常」的稱帝之舉。

所以，歸根結底，生於大宋是劉娥的幸運。

又或許，也是她的不幸。

傳奇一生

明道二年（公元1033年）三月，劉娥染病，下令大赦天下，將乾興元年，即劉娥臨朝以來的貶謫之人，如寇準、曹利用等，恢復舊有官職，並將丁謂從貶黜的遠地遷了回來。

明道二年（公元1033年）四月，劉娥崩逝。

趙禎在殿前召見群臣，哭道：「太后臨終前，數度牽扯身上的衣服，到底是什麼意思？」

參知政事薛奎說：「太后不願先帝於地下見她身穿天子之服。」

趙禎幡然醒悟，下令給劉娥換上后服，然後入殮。

對兒子趙禎，劉娥像許多望子成龍的母親一般嚴加管教，希望他從小就受聖人教誨，遠離聲色犬馬。

特別是在挑選兒媳婦這件事上，劉娥乾脆替兒子做主，選了一個他不喜歡的女人做皇后，讓趙禎很不高興。及至趙禎二十多歲，劉娥依然把持朝政，不

肯放權。

但兩人之間雖有嫌隙，亦有真情。

劉娥死後，族中最具威名的八王趙元儼對趙禎說：「劉后並非陛下生母，陛下生母乃是李宸妃……李娘娘死得不明不白，怕是被人害死的。」

皇太妃楊氏亦告知趙禎：「陛下真正的母親確是李宸妃，現已不在人世。」

趙禎這才明白，原來劉娥並非自己生母，而生母李宸妃至死都不得與自己相認。

接連的打擊令趙禎傷痛欲絕，幾日不能上朝，並下詔自責。

趙禎派兵包圍了劉娥親眷的府邸，並遣人到李宸妃靈柩所在的洪福院進行查看。結果發現李宸妃已被以皇后之禮下葬，在水銀的養護下，面色如生。

得知消息後，趙禎感歎：「人言豈可盡信！」

隨後，他在劉娥靈柩前焚香祭拜，道：「自今以後，大娘娘一生清白了！」

明道二年（公元1033年）十月，趙禎率群臣將劉娥下葬，陪葬宋真宗永定陵，諡號「章獻明肅」皇后。

劉娥的一生，從打鼓賣藝的草根女子，到大權獨攬的霸氣國母，實現了驚天大逆襲。

就連一向保守固執的司馬光也贊她：「保護聖躬，綱紀四方，進賢退奸，鎮撫中外，於趙氏實有大功。」

多情誰似南山月，特地暮雲開。

劉娥雖身在宮中，卻不被宮牆所困，在一個男權世界裡，活出了一個女子本來的模樣，一如她的眼底風月、額前素雪。

當一場大戲落幕，劉娥在不經意間已創造出一個奇蹟。

逆風翻盤，向陽而生。

她為前人守住了一個繁花似錦的時代，也為後人留下了一個群星璀璨的時代，至於帝、后的虛名，不過浮雲而已。

劉娥

人物資料卡

劉娥（968 年－1033 年），益州華陽人，她是宋真宗趙恒的皇后，世稱章獻明肅皇后。

劉娥的身世有待查證。廣傳劉娥祖籍太原，父親劉通是宋太祖時的虎捷都指揮使，但生於顯赫家族的劉娥卻嫁於蜀地的一個銀匠。

宋史記載十五歲的劉娥與趙恒初會，天生麗質的劉娥與趙恒一見鐘情，但劉娥出身寒微，不得當時趙恒的乳母秦國夫人的喜愛，趙恒被逼無奈，將劉娥偷偷藏在指揮使張耆家中，偷偷交往十五年。公元997年，宋太宗駕崩，趙恒繼位，劉娥入宮被封為四品美人，正式成為後宮妃嬪中的一位。

大中祥符五年（1012年），劉娥被冊立為皇后。她才華超群，通曉古今書史，熟知政事。每日宋真宗批閱奏章，劉娥必隨侍在旁。天禧四年（1020年），真宗患病，劉娥輔助皇太子趙禎，正式踏上垂簾聽政的掌政道路。

她是宋朝第一位攝政的皇太后，更是完成了宋政權從真宗時代到仁宗時代的平穩交接，史書稱其「有呂武之才，無呂武之惡」。

梁紅玉
巾幗逞英豪

hongyu

名將之妻

但更能打

姐姐好颯

也是紅妝翠袖，然而青史丹心。

梁紅玉　風華為人傑，巾幗逞英豪

清秋桂子／文

一

宋朝大約是歷史上才女最多的時代。

縱觀整個宋朝，那些才華橫溢、優雅至極的傳奇女子數不勝數，她們或溫婉柔雅，或至情至性，然而其中卻有一位的風格與其他人不太一樣，可以用「相當能打」來概述。

當然，「能打」是字面上的含義，因為這位姐姐登場的地方往往是《說岳全傳》、《岳家將》、《韓家將》這種頗具武俠色彩的文藝作品，一出場就是浩浩蕩蕩的排兵佈陣、擊鼓號令，氣勢十足，上馬掄刀砍人不在話下，是一位實打實的女中豪傑。

這位女豪傑姓梁，是著名的抗金大將，後人稱其為梁紅玉。

如果要排個古代傳奇女將軍的人氣榜單，梁姑娘絕對能位列前十，其熱門程度大概僅次於花木蘭、穆桂英。

然而和只存在於評書當中的穆桂英以及來源於樂府詩詞中的花木蘭等人不同，這位梁姑娘是真實存在且有據可考的。

《宋史》、《建炎以來系年要錄》以及《續資治通鑑》這些正史中均有提及這位女將的事蹟。

在封建王朝由男性當權主導編寫的史書裡，女性的名字不太容易被記錄下來。大部分女性僅僅作為某某之妻、某某之母存在於男性的背後，姓名無可

考，更遑論她們的生平。

梁姑娘也並不例外，實際上梁紅玉這個名字並非她的本名，史書中僅僅記載了「韓世忠妻梁氏」這個稱呼，紅玉這個名字是後人加在她身上的。

明清時期，各種小說話本如雨後春筍一樣冒出來，各色演義劇本更是滿天飛。

以宋代為背景的自然不在少數，畢竟時間離得近，素材也多，諸多抗金英雄活躍在市井傳唱之中。

梁姑娘這種巾幗不讓鬚眉的人物，放在哪朝哪代都足以讓人津津樂道。

明人張四維就寫下了韓世忠與其妻梁氏的劇本《雙烈記》，講述這對俠侶相知相遇，共同上陣殺敵的英雄故事。這本《雙烈記》中提到一句「奴家梁氏，小字紅玉」。

自此梁紅玉這個名字便從史書的寥寥數語之中鮮活了過來，承載了一個流芳百世的巾幗英雄的形象。

二

如果要為梁紅玉寫個人簡介的話，倒十分困難，因為她的訊息幾乎是一片空白。其生卒年不詳，籍貫不詳（有說是在淮安，也有說在池州），就連名字也不詳，只留下個姓氏。

傳聞梁紅玉出生於一個武將家庭，其祖父和父親都是武將出身，梁姑娘自幼便隨父兄習武，練就了一身好本事。

宋徽宗宣和二年，方臘起義。方臘就是《水滸傳》裡面導致梁山大半好漢折損之人。

梁紅玉的祖父和父親在平叛方臘時因貽誤戰機，戰敗後被處死，梁家從此家道中落，罪臣之後的梁紅玉於京口充妓。

這種開頭在古代並不罕見，因家道中落，淪落風塵的女子數不勝數。

在這一行能出名的，約莫都長相出眾且自身素質出挑，如擁有能歌善舞、

文采斐然、精通詩畫等技能。由她們觸發的劇情也充滿了風花雪月的味道，常見套路是某名妓與文人雅士、達官顯貴、風流浪子，在詩詞歌舞等藝術交流下成就一段淒美佳話。

她們的結局也是大同小異。普通一點的嫁人為妾，命好一點的家庭和諧（如薛勝瓊）；命不好的，要麼慘遭虐待（如魚玄機），要麼被人拋棄（如寇白門）。她們中有鬱鬱不得善終的（如卞玉京），有捲入權謀政鬥中成為犧牲品的（如綠珠），也有在家國動盪中漂泊流離，最終香消玉殞的（如董小宛、陳圓圓）。

歷史上的這些名妓，不論她們的故事被書寫得如何曲折離奇，大部分都難離悲涼的基調，卑微的出身註定了紅顏薄命的結局。

從命運的角度來說，梁紅玉差不多配全了一個淒美悱惻的愛情故事的女主設定。

《雙烈記》中對她的形容是：「蓮臉星眸，蛾眉蟬鬢，窈窕身軀，溫柔情性。最善吹彈歌舞，更精翰墨丹青。一時豪貴英賢爭賞。」

雖然存在一定的藝術加工成分，但尚在合理範疇當中，從這位奇女子後來的所作所為來看，她的基本素養不會太差。

不過這個身世淒涼、容貌映麗、才華橫溢的古代言情女主身上還自帶了另一個設定 —— 她是個武學高手。

於是梁姑娘從一眾弱柳扶風、身嬌體軟的古代言情話本美人主角中脫穎而出。淪落風塵、才色雙絕的女主眾多，可是天生神力，能挽強弓且百發百中的女主就比較少見了。

這般強悍的本事讓她有底氣對那些紈絝子弟白眼相看，一定程度上，梁紅玉獲得了主動權。

雖然她入了教坊，地位低下，但她的行事作風壓根就不像個教坊女子，畢竟有這一身本事，要是真有人欺壓她，她約莫能把別人頭都打掉。

故事的走向開始逐漸有趣起來。

宣和三年（公元1121年），童貫平定方臘起義，班師回朝。

歷史上平定方臘起義並沒有《水滸傳》裡面描寫的那麼義薄雲天，慷慨悲

歌，實際上平定方臘起義的不是宋江，而是《水滸傳》裡面那個溜鬚拍馬的「六賊」之一童貫，生擒方臘的既不是魯智深也不是武松，而是韓世忠。

童貫等人班師回朝路過京口時，梁紅玉隨教坊眾人入席侍樂。言情小說裡，男女主的相遇總是伴隨著微妙的契機，讓他們能在人群中一眼看見對方。

梁紅玉觸發了這個契機，平亂歸來，一群人在宴席間開懷暢飲，喝得正嗨，只有韓世忠一個人寂寞如雪地喝悶酒。畫風迥異的韓世忠很快就吸引了梁紅玉的注意。

韓世忠大概也沒料到，教坊裡竟會有這等可開二十石弓，射二百步而箭無虛發的奇女子，當真是特立獨行、毫不做作。

一來二去，兩人就有了交集。韓世忠是武將，而梁紅玉又能打，試問誰能拒絕一個又美又颯，幹起架來毫不手軟的小姐姐。

兩人惺惺相惜引為知交，這段別具一格的言情故事的結局很圓滿，英雄美人終成眷屬。

關於梁紅玉和韓世忠的相知相遇，宋人羅大經所著的《鶴林玉露》中也有提及：梁氏某一日凌晨入府，準備侍奉大朝會之禮，忽然看見門前的柱子底下有隻老虎在酣睡，驚駭之下匆匆走出，不敢言語。後來折回看時才發現那隻沉睡的老虎是個士兵，於是便問起那人的姓名，那人回答叫韓世忠。

她回去之後心中詫異，悄悄告訴母親，說這人定非凡人，便邀請韓世忠到家中飲酒做客，徹夜長談後，資助了金帛錢財，與其結為了夫婦。

後來韓世忠果然屢立戰功，成為中興名將，而她也被封為兩國夫人。

故事的虛實雖不可考，但這也說明了一件事情：梁紅玉眼光毒辣，一眼相中韓世忠，而事實證明，韓世忠也確非池中之物。

正因為梁紅玉選擇了韓世忠，她人生的劇本才從才子佳人的閨閣話本，徹底轉變成赤膽忠心的家國演義。

三

提及梁紅玉，定然要說到韓世忠。梁紅玉在史書上以「韓世忠妻」的身份出現，她在《宋史》中僅有的記載與韓世忠密不可分。

韓世忠這個名字對很多人來說或許有些陌生，這麼說吧，南宋和他齊名的另一位抗金將領是家喻戶曉的岳飛。

韓世忠與岳飛、張俊、劉光世合稱「中興四將」，他和岳飛一樣，都是奮戰在抗金前線的將領。

韓世忠此人驍勇善戰、胸藏韜略，一生功績無數，為人剛正不阿。岳飛被秦檜陷害時，滿朝文武皆不敢言，只有他站出來質問秦檜，從而引發了秦檜那句遺臭萬年的「莫須有」。

宋孝宗時期，韓世忠被追封為蘄王，宋理宗時期被列為昭勳閣二十四功臣之一。

韓世忠的歷史評價極高。

《宋史・孝宗本紀》中記載：「賜韓世忠諡曰忠武。」

《忠武王碑》中記載：「上益勵精行健，冀大有，聞鼓聲而思勳臣于昕夕不忘，乃二月甲午，制曰：『韓世忠感會風雲，功冠諸將，可特賜諡忠武。』蓋太師、韓蘄王之薨之葬，至是已二十有六年，而褒崇益光，遂與漢丞相亮、唐汾陽王子儀同諡。宸奎出，不由有司，中外偉之。」

諡號是由後人根據前人一生德行事蹟做出的評判，韓世忠的諡號是「忠武」，足以見得其功勳卓著。

能得到「忠武」這種程度的評價，在歷史上都是赫赫有名的大佬，如蜀漢丞相諸葛亮、唐代汾陽王郭子儀，同時期獲得該諡號的還有岳飛。

南宋名相張浚尤稱韓世忠之忠勇，岳飛之沉鷙，可倚以大事。陸游也寫詩道：「堂堂韓岳兩驍將，駕馭可使復中原。」

自己人稱讚倒也罷了，就連《元史》都記載：「天下安危之機也，勇略忠義

如韓世忠而為將，是天以資宋之興復也……高宗惟奸檜之言是聽，使世忠不得盡展其才……宋有世忠而不善用，惜哉！」

能讓敵人都惋惜欽佩，當是大忠大義者。

封建時代的女子，婚姻於她們人生起了決定性的作用。

無論她們的才學多麼出眾，禮教和婚姻就像一把枷鎖，牢牢地束縛了她們，話本戲臺裡的故事再怎麼哀婉動人，所托非人帶來的悲劇也無法改變。

所幸，梁紅玉選擇的是一位忠勇之士，尚且不至於走向哀怨淒冷的結局。

這位豪邁女子的人生勢必會綻放出她自己的光芒，而這個時機出現在宋高宗建炎三年。

靖康二年，慘痛的「靖康之恥」使得二聖被俘。高宗趙構在南京即位，改年號建炎，開啟了南宋的篇章。

趙構原本是個閒散王爺，被這場家國之變一下推到了風口浪尖。但他沒有做好改善危局的準備，即位之後一直無所作為，還寵幸以王淵為代表的奸人，致使民憤四起。

王淵等人的專橫跋扈、橫行霸道在駱駝背上壓下了最後一根稻草，高宗護衛軍中的苗傅聯合劉正彥謀反，意圖逼高宗退位，讓其禪位給年僅兩歲的太子趙旉。

當時韓世忠、張俊、楊存忠、劉光世這幾個重將都鎮守在其餘要害之地，碰到趙構這種拎不清的皇帝，苗傅想反簡直輕而易舉。苗劉二人逼退趙構，強行讓隆祐太后臨朝執政。

趙構退位後，苗劉二人也暫時把持了朝政，不過很快張浚在平江起兵，韓世忠和劉光世也先後抵達平江。

苗傅和劉正彥都慌了神，韓世忠、劉光世這些人重兵在手，與他們壓根不是一個重量級別。苗傅忽然想起韓世忠的老婆孩子還在秀州，立刻扣了當人質。

關鍵時刻宰相朱勝非靈機一動想了個辦法，他跟苗傅講，不如讓韓世忠的老婆梁氏和兒子韓亮去勸說韓世忠歸降。苗傅的腦子也不太靈光，居然就天真

地同意了。

隆祐太后召梁氏入帳，拉著她的手就是一通淚如雨下，情真意切地感歎家國艱難至此，讓她速速傳令韓世忠前來勤王救駕，並當場封她為「安國夫人」。

該任務干係重大，一旦出了差錯，宋朝宗室約莫就交代在秀州了。梁夫人雖然沒幹過特務，但心理素質絕對過硬，在臨危受命的緊急時刻，她展現了超乎常人的冷靜，領完諭旨之後立刻騎馬飛奔出城。

要在敵人的眼皮子底下把消息傳遞出去，兇險異常，萬一苗傅反應過來，那他們就完了。

偏偏不巧，梁紅玉在半路上又遇到了苗傅的弟弟苗翊，當她察覺苗翊並非善類後，立即加快速度，縱馬飛馳一天一夜，與韓世忠會面，傳達了太后旨意，並且一五一十地陳述清楚利害關係。

韓世忠果斷發兵平叛，兩口子又帶兵殺了回去。

這一趟簡直是身體素質與心理素質的雙重考驗，梁紅玉憑藉過人的膽識成功完成了任務。

這就是歷史上著名的傳召平叛，也是宋史中關於梁夫人的首次記載。

叛亂平息之後，宋高宗趙構不禁感歎：「智略之優，無愧前史。」於是趙構又追封她為護國夫人，並且還開了特例，給予梁紅玉朝中俸祿，開創了功臣之妻領俸的先河。

在宋代這種限制女性干政的歷史大背景下，梁紅玉成為開國以來第一個光明正大地從朝廷手裡領工資的功臣女眷。

宋高宗給予的殊榮，這位勇敢過人的梁夫人當之無愧，大概連梁紅玉自己都沒有想到，半年之後，她將迎來她人生的高光時刻。

Meirenu

建炎三年十月，金兀术率軍十萬南下，一路勢如破竹，直接打到了臨安門口。

敵軍已然兵臨城下，但高宗的行為卻令人無語。他即位以來，別的本事沒有，跑路比誰都積極。眼看著金兵打到跟前，他又開始跑路，從杭州跑到明州，又從明州往海上跑。總之，他不是在跑路，就是在準備跑路的途中。

皇帝可以跑路，但他身後的萬千百姓卻苦於戰亂。在金兵的肆虐之下，江浙一帶一時間激起無數反抗聲討的浪潮。

梁紅玉心痛眼前境地，對韓世忠說：「國家已失河北、山東，若又棄江淮，更有何地？」

梁紅玉的憤怒可想而知，若一味地退讓逃跑，山河盡丟，國家將真的滅亡。可恨堂堂的皇帝趙構，竟不如一位傲骨錚錚的將臣之妻。

韓世忠將梁紅玉此番話向上進言後，便被任命為浙西制置使，把守鎮江。

金兵都是精銳部隊，金兀术下令分道渡江。宋軍戰鬥力不行，節節敗退，韓世忠只能從鎮江撤退到江陰，佈局前軍駐青龍鎮，中軍駐江灣，後軍駐海口，等待金兵回撤的時候進行圍剿。

當時金兵已經南下搶掠了一大波，致使討伐聲四起，金兀术也不是傻子，搶完了見好就收。

金兵到的時候，韓世忠的部隊已經屯紮在焦山寺。金兵那邊派人約戰，韓世忠應戰，雙方戰鬥一觸即發。

到了開戰的那一日，金兵並未將韓世忠大軍放在心上，因金兵已經在江浙燒殺搶掠好幾個月，韓世忠的軍隊在士氣和戰鬥力兩方面，都不如金兵。再加上此時金軍歸心似箭，準備北渡長江，一門心思想著打回去，所以金兀术才敢直截了當地下戰書。

只是金兵沒想到，這個他們以為輕而易舉就能攻下的軍隊，比他們想像的要難打得多。

兩軍舟師在南京附近的黃天蕩展開激戰，史稱黃天蕩之役。

《宋史》記載：「戰將十合，梁夫人親執桴鼓，金兵終不得渡。」

短短一行字證明了梁紅玉在這場戰鬥中起到的重要作用。

戰場擊鼓是一個掌控全軍士氣的關鍵性行為，《左傳》中的曹劌論戰已經詮釋了擊鼓的重要性：「夫戰，勇氣也。一鼓作氣，再而衰，三而竭。」實際上，擊鼓控制的是作戰的節奏，什麼時候進攻，什麼時候衝鋒，是將領對整個戰場大局的把控。

由此可見，梁紅玉在作戰方面是個不可多得的將才，她不僅武藝高強，心思縝密，還擁有軍事作戰中極為重要的敏銳頭腦和獨到眼光。在她的指揮之下，大軍一掃敵強我弱的頹勢，十幾次擊退金兵，使得其遲遲不能過江。

相對於《宋史》的記載，《英烈夫人祠記》中對這一段的描述更詳細一些：「兩軍初合，金軍矢密如雨，世忠軍稍卻。梁氏去鐵鎧，擲兜鍪，鋒矢不避，親執桴鼓，於是士氣大振，金兵終不得渡。敗至黃天蕩死港。」

一個冒著箭雨，在戰場上悍不畏死，擊鼓號令千軍奮勇殺敵的女將軍形象躍然紙上。

《宋史》中對梁夫人親執桴鼓不過一句概括，引起了後人無限的想像，這一段也被後世在各種話本戲文中進行反覆的創作。

例如《雙烈記》中，梁紅玉請戰：「元帥，今日之戰，非比等閒。一則有長江天塹之險，二則有元帥甲兵之勇，擒之甚易，不可錯過。迎還二帝，恢復中原，在此一舉耳。妾親執桴鼓，大小三軍，不許輕退，違令者以軍法從事。」《雙烈記》中的唱詞慷慨激昂，壯氣凌雲。

《說岳全傳》中「梁夫人擊鼓戰金山，金兀朮敗走黃天蕩」這一章的描述也是生動至極。「大人即便軟絮披掛，佈置守中軍的兵將。把號旗用了游索，將大鐵環繫住四面遊船八隊，再分為八八六十四隊……自己踏著雲梯，把纖腰一扭，蓮步輕勾，早已到桅杆絕頂，離水面有二十多丈。看著金營人馬，如螻蟻相似；那營裡動靜，一目了然。江南數十里地面，被梁夫人看作掌中地圖一般……」

這些藝術創作儘管有想像的成分在，卻無不彰顯著當日黃天蕩上執鼓號令的梁夫人是何等的英勇豪邁。

相比勇猛無比的梁紅玉，金兵此刻卻焦頭爛額。他們怎麼都沒想到會碰上這麼個硬骨頭，金兵已經在江浙滯留太久，後勤補給跟不上，再繼續打下去對他們極為不利。

金兵只能選擇求和，先是承諾將這一路打劫來的東西歸還給他們，韓世忠這邊理都沒理；然後又試圖進獻名馬，韓世忠還是沒搭理。

燒殺搶掠，壞事做盡，你說求和就求和，給你臉了？韓世忠跟梁紅玉做好了死磕下去的打算。

黃天蕩一戰，整整持續了四十八天。最終金兵借著小舟的優勢逃脫。

黃天蕩之役儘管以失敗告終，卻是一場打破頹勢，鼓舞士氣的戰役。宋金對抗，宋軍首次占盡優勢，這場戰役雖然並沒有將金兵徹底消滅，但在一定程度上起到了震懾金人的作用，致使金人不敢輕易南下，為南宋爭取了喘息的時間。

韓世忠無疑是這一場戰役的功臣。

只是沒人想到，梁紅玉會在黃天蕩戰役結束後，上疏朝廷，彈劾韓世忠「失機縱敵」，請求朝廷加罪。

梁氏此舉，震驚朝野。

首先她狀告的是自己的丈夫。按照宋朝制度，女子告發丈夫是要坐牢的，參考同期李清照和張汝州離婚，即便李清照運氣好，有人幫忙說話，她也在牢裡待了好幾天。

其次，梁紅玉狀告的還是在黃天蕩一戰中重挫金兵、名揚天下的韓世忠。

從黃天蕩之役的結果來分析，其實不難看出梁紅玉為何如此憤怒。

韓世忠的戰略佈局出色，在敵強我弱的局面下，利用長江天塹的地勢，困住金兵，宋軍佔據了極大的優勢。可在這種情況下，因為戰術失誤，導致金軍利用火攻突圍成功，宋軍前功盡棄。

在梁紅玉看來，這原本是一場可以大獲全勝、一雪前恥的戰役，最終帶來

的卻是如鯁在喉的意難平。

客觀來說，黃天蕩之役數勝一敗，給整個南宋帶來的影響也是積極的。韓世忠在這場戰爭中立下功勞，梁紅玉身為韓世忠之妻，與他是一體的，一榮俱榮，一損俱損。

若是尋常夫婦，縱然抱憾，也會站在丈夫的角度寬慰，而梁紅玉的舉動稱得上是大義滅親了，不僅沒有邀功，反而請罪。

她是真的憤怒，這種憤怒超出了個人的情感，她心中掛念的是更高遠的家國。金兵踐踏大宋的山河，犯下無數血債，國恨家仇未能報，正如岳飛那首著名的《滿江紅》所唱：「靖康恥，猶未雪。臣子恨，何時滅。」梁紅玉的心情怕是與岳飛如出一轍。

如此心胸，舉國上下大為震動。朝廷感其義舉，加封其為楊國夫人。

以女子之身而得兩國者，唯梁氏一人也。

五

紹興五年（1136年），宋高宗計劃振興楚州，於是讓韓世忠任武寧安化軍節度使、京東淮東路宣撫處置使，去建設楚州。

經過連年戰亂，楚州已經一片荒蕪。此次梁紅玉隨任，這對夫妻在楚州建立軍府，熱火朝天地開啟了楚州副本。

梁紅玉雖然已經是兩國夫人，榮耀加身，但做起城市建設來一點架子都沒有，開荒過程中她吃苦耐勞，深入群眾。

她和普通士卒一起幹活，同甘共苦。沒有地方住，她就親自動手用蘆葦編房子；沒東西吃，就帶著人去漫山遍野挖野菜。安撫流民，振興工商業，促進城市發展，梁紅玉身兼數職，她任勞任怨，堪稱勞模典範。

不過楚州這個副本不是一般的種田遊戲，除了民生工程之外，城防建設項目更是至關重要。金人還在虎視眈眈地盯著，建設城市之餘，梁紅玉還得練兵。

梁紅玉手下曾訓練了一支「娘子軍」，戰鬥力爆表。梁紅玉領著這支軍隊數次擊敗金兵，令金人聞風喪膽，威震四方。

韓世忠鎮守楚州十年，金人不敢犯，這背後跟梁紅玉的付出脫不了關係。

歷史上關於梁紅玉的史料記載不多，大都跟韓世忠的史料相關，這位巾幗英雄的生平也無處考證。

關於梁紅玉的結局，也是眾說紛紜。

據《建炎以來系年要錄》記載：「淮東宣撫使韓世忠妻秦國夫人梁氏卒，詔賜銀帛五百匹兩。」根據時間線來看，韓世忠到楚州五個月之後，梁紅玉就去世了。而《宋史》中則記載，紹興六年，梁紅玉還在楚州身體力行地搞建設。

《淮陰市志》記載，梁紅玉和韓世忠在楚州鎮守了十餘年，因為岳飛被迫害，韓世忠憤然之下辭官歸隱。這個結局就有點扯了，這種歸隱避世的大團圓結局基本都是戲文套路，主要是為了滿足廣大群眾的美好期盼。

關於梁紅玉的死因，戰死和病死的說法流傳得比較廣。

後人所撰寫的《楊國夫人傳》中，就繪聲繪色地描述了梁紅玉戰死的過程。

梁紅玉遭遇金人埋伏，無法突圍，受傷之後，她用汗巾包裹傷口，血滲透重甲，但仍對左右說：「今日得報君恩。」最終她在亂箭之中力戰而死。金人曝其屍於市三日，金兀术聽說後，感慨梁紅玉的忠勇，收斂了她的屍體，歸還給韓世忠。

這一段野史的描寫也有些誇大其詞了，整個情節發展頗有演義小說的味道，硬生生把梁紅玉寫得像個超人一樣。不過梁紅玉戰死的可能性很高，她常年作戰在抗金第一線，馬革裹屍，殉節報國是最為合理的結局。

不論梁紅玉結局如何，她的人生在滔滔的歷史洪流中已經悄然落幕。

宋代受節烈觀影響，史書上並未對梁紅玉這樣英勇殺敵的女子做出太多的描述，也沒有為其列傳，梁紅玉甚至連個本名都沒有留下來。

但她短暫的一生，卻留下了輝煌的傳奇。她的故事在眾口相傳中熠熠生輝，縱使史書無名，也難掩她的無雙志勇和萬丈豪情。

一如梁紅玉祠聯所言：「也是紅妝翠袖，然而青史丹心。」

梁紅玉

人物資料卡

　　梁紅玉（生卒年不詳），南宋著名的抗金女英雄，史書中只稱梁氏，「紅玉」為後世野史和話本中杜撰之名，首見於明朝張四維所寫的傳奇劇本《雙烈記》：「奴家梁氏，小字紅玉。」

　　傳說梁氏原為名將之後，家境敗落後淪為京口營妓，後結識抗金名將韓世忠，兩人結為夫妻。

　　建炎三年（1129年），御營統制苗傅與威州刺史劉正彥擁眾作亂，強迫宋高宗讓出帝位。同被困在宮中的梁氏臨危受命，一夜奔馳數百里，傳召韓世忠平叛，體現出了過人的勇氣和本領，內亂平定後宋高宗封她為安國夫人和護國夫人，並被賜爵祿，以嘉獎她對國家的傑出貢獻。後世功臣妻給俸制度，便是自梁氏始。

　　建炎四年（1130年），梁氏於黃天蕩之戰中親執桴鼓，和韓世忠共同指揮作戰，將氣焰囂張的金軍攔截江上多日，使之不能南下。戰後，梁氏上書彈劾韓世忠錯失戰機，致使金軍逃脫，舉朝為之震動，再封楊國夫人。

　　梁氏與韓世忠共赴沙場，同甘共苦，又與丈夫一同出鎮楚州，親自「織薄為屋」。後世為紀念梁氏，將其生平事蹟加以戲劇化演繹，塑造了「梁紅玉」這一巾幗女將的形象。戲劇中的梁紅玉義薄雲天，憐貧惜弱，而又忠勇無雙。

　　梁氏去世後被朝廷追贈為邳國夫人，追贈制文中感歎梁紅玉和韓世忠「富貴莫終於偕老」。

少年不識愁滋味，愛上層樓。愛上層樓，為賦新詞強說愁。

而今識盡愁滋味，欲說還休。欲說還休，卻道天涼好個秋。

——南宋·辛棄疾《醜奴兒·書博山道中壁》

風俗記
FENGSUJI

帝王心事，興亡過眼

本書獨家輯錄《宋徽宗的
秘密日記》，從少年熱血到被
俘北上，這位宋朝最具才情的
皇帝究竟經歷了怎樣的心路歷
程？快來圍觀宋徽宗的別樣成
長史。

宋徽宗的 秘密日記

Mimiriji

明戈/文

《晴天霹靂》

1100年 2月

晴

我竟然當皇上了⋯⋯嘿!

早就讓我哥宋哲宗多學學我,沒事多玩玩蹴鞠,既活絡筋骨又強身健體,可人家偏偏就是不聽。結果怎麼樣?到底因為「故冬以來,數冒大寒」,得了場感冒,去了。

我哥這一涼,可苦了我。正常來說皇位應該是輪不到我的,因為我本來競爭力就不怎麼強。但也不知道他們幾個大臣和太后怎麼商量的,偏偏選了我。

繼位旨意來的時候,我這個陽光大男孩正在蹴鞠場上揮灑汗水呢,結果莫名其妙就被抓來當皇上了。別誤會,沒有故意炫耀的意思,當皇上也就是聽起來酷,其實翻譯過來就是 ── 我這個瀟灑享樂的王爺,要變成上下班打卡的打

工人了。

今天進宮的時候，我還無比悲痛地抱著我的球。宰相章惇看了看我和球，冷嘲熱諷一句：「端王輕佻，不可以君天下。」

我聽後不僅絲毫不難過，甚至想拉住他的手：「哥們，你說得對啊！」

其實我不想當皇上，一方面是放不下安逸生活，另一方面也是考慮到自己出生的時候不太吉利。

我媽懷我的時候，我爸曾去看過李煜的畫像，還倍兒喜歡人家的藝術家氣質。我媽生產之前，也夢到過李煜來訪。所以自從我漸漸長大，開始展露藝術方面的天賦後，人家就都說我「生時夢李主來謁，所以文采風流，過李主百倍」。文采倒是隨他了，別的呢？

李煜是誰？亡國之君啊！

這不完犢子了嗎？

《是男人就得支棱起来》
1100年3月
晴

當皇上的這一個月，我的心態有了很大變化。

從前只覺得做君王不自由，耽誤我玩。可等我真的身處這個角色了，才意識到肩上的責任有多重。

我不僅要對自己的人生負責，更需要對整個天下，對千千萬萬的黎民百姓負責。

所以管他出生時候吉不吉利，我命由我不由天！

《誇誇自己》
1102年2月
晴轉多雲

距離朕當皇上，已經兩年了。

這兩年來，朕勤儉節約，艱苦樸素。比如殿上的龍椅太過奢華，維護起來特別燒錢，於是朕當機立斷，把它換成了簡約版。

除此以外，朕還勵精圖治。對於不同派別，朕中正公允。面對逆耳忠言，朕也從諫如流。

可以說，朕做到了不管話難聽與否，只要他們敢提，朕就敢改。

「其言可用，朕則有賞；言而失中，朕不加罪。」

眾所周知，朕是個好踢球、好書畫，文體兩開花的優秀才俊。所以朕為了畫花鳥能更加生動，就在宮中養了不少稀罕鳥兒。可前陣子竟然有大臣進言，說朕養鳥屬於玩物喪志。

問題是朕玩牠了嗎？這明明就是科學觀察啊！

但沒辦法，作為一個明君，人家既然提了，朕就要好好採納。於是隔天，朕就含淚把這些繪畫模特們都放生了。

還有一次，給事中陳禾來找朕談重用宦官的事。因為說得挺對，朕也就虛心聽著。可他未免也太能說了，那嘴像租來的一樣，整整白話了一上午，朕都要餓暈了，他還沒停。後來朕實在受不了了，於是打算先去吃點飯。沒想到一個起身的工夫，他竟然一把拉住了朕的龍袍，「刺啦」一聲就把朕的袖子給撕下來了。

　　當時大殿一片譁然。不過朕倒是沒生氣，只是在心裡默默想：這傢伙手勁這麼大，不應該當言官，應該當兵去啊。

　　後來陳禾見朕未怒，便道：「陛下不惜碎衣，臣豈惜碎首以報陛下？」

　　朕聽了也很感動，回他道：「卿能如此，朕復何憂？」

　　後來這件事傳出去，大家都誇朕是明君。

　　要問朕怎麼看，朕覺得：大家說得對。

《發現一個好幫手》
1102年5月
晴

　　近日，朕天天想著新政的事，這事朕的父皇與皇兄都未能成功實施，現在又落到了朕身上。正當朕愁苦萬分時，朕的貼身秘書鄧洵武交給了朕一紙卷軸——《愛莫助之圖》。

　　那圖分左右，分別是新黨與舊党的人員名單。舊党那側官員從大到小，足足一百來號人；新黨那側卻只有寥寥數人，高官一欄更是只有溫益一人，還是個牆頭草。

　　怪不得叫《愛莫助之圖》，朕不禁直拍大腿。沒有臂膀的真龍天子，就是條泥鰍。

　　朕正煩著，鄧洵武輕步走了過來：「陛下乃神宗之子，宰相韓忠彥乃韓琦之子。今韓忠彥變更法度，乃子承父志，陛下貴為天子，反倒个能繼承。」

　　朕發問：「卿認為誰能代替韓忠彥？」

　　鄧洵武回答道：「蔡京。」

蔡京這個人，朕還是端王時候就聽說過，字寫得那叫一個漂亮，名聲比米芾都大。等後來朕看了幾幅他的字，果然名副其實，字跡飄逸灑脫得一下子就擊中了朕的心房。

如今再聽到他的名字，朕只覺熱淚盈眶，瞬間讓朕想起了自己想當藝術家的初心。

所以朕昨日招他進宮，這蔡京看著一表人才，說話也深得朕心，朕當場便決定提拔他。而且既然他這麼棒，家人估計也錯不了，朕也要重用封賞。

蔡京誠惶誠恐，還推脫了一番。

朕拍了拍他的肩膀。

出來混要講信用，說幫你全家就幫你全家。

《不忘初心》
1102年7月
多雲

自從認識了蔡京，他就經常給朕進貢些奇珍異石、名家字畫。朕看著喜歡得不得了。

可這些個大臣們看得嚴，朕就算下了班，也沒多少休息時間去把玩它們。

直到那天，蔡京提出了一個理論——豐亨豫大。意思就是在這樣一個人民富足、國家安定的盛世裡，朕就活該吃喝玩樂、策馬奔騰，這是天意。

朕還沒琢磨完有沒有道理，這日宮裡舉辦宴會，又發生了這麼件事。朕想用玉杯喝酒，但怕大臣們說朕揮霍，於是朕下意識地收起來了。

就在這時，蔡京站出來說：「連遼國皇帝都能用玉

杯，我們大宋的皇帝怎麼不能？難道要讓他們恥笑我們用不起嗎？再說了，皇帝貴為天子，就應該享受這些。這叫惟王不會。」

朕聽了簡直熱淚盈眶，終於有個人想起來朕是天子了。

而且朕也不覺得這是在奉承，因為這話本就出自《周易》，那是有正經來源的。其次，朕先前的自我定位就不對，怎麼能把自個兒當成打工人呢，朕明明應該是老闆。仔細想想，普天之下，哪有老闆吭哧吭哧幹活的？不都是員工們出力幹活嗎？

還是阿蔡懂朕，不愧為朕的心腹。

自從那日想通了這件事，朕整個人就無比輕鬆。畢竟朕的靈魂一直是個藝術家，不過是被皇帝的身份封印了。

這樣一來，朕就又可以做回那個丹青手了。想到這，朕不由有些被自己感動，這也算是不忘初心吧。

進宮數年，歸來仍是少年。

《朕有自己的畫院啦》
1104年 4月
晴

今天是個好日子，朕的宣和畫院正式成立了！

朕一直以來都有個願望，那便是為全天下善丹青的天才們創造一個優良的學習環境和發展平臺，打造一所全方位立體化的專業院校。

不僅如此，朕更要親自出考題，親自監考，親自批卷。等考試結束，朕還要當教授，親自授課。

雖說過程繁複，但朕一點都不嫌麻煩。畢竟只要是關於繪畫的事，那就是

大事。

　　花再多心血，再多錢銀都值得，畢竟這些東西就是要花在刀把上……

　　呸，刀刃上。

《優秀考生實錄》
1114年 4月
多雲

　　朕的畫院已經成立好多年了，前不久剛剛結束了新一屆的考試。

　　這次考試同往常一樣，分為六科：佛道、人物、山水、鳥獸、花竹、屋木。考試形式通常是朕選一句詩，考生們根據命題繪畫。在這個過程中，朕既要看他們的專業課是否過硬，又要考察他們的巧思創新和審美內涵。

　　以下幾個便是朕選出來的滿分試卷。

　　　1.「踏花歸去馬蹄香」

　　這道題雖然看起來意象很少，彷彿不用畫什麼，但獨獨這個「香」字最難表現。於是有的考生在地上畫了花瓣，有的乾脆在遠處畫了座花園，但朕認為這都不是最優解。直到有張考卷是馬蹄旁飛著幾隻蝴蝶，朕才一拍大腿，就決定錄用你了。

　　　2.「竹鎖橋邊賣酒家」

　　朕出這道題，就是想考考他們怎麼畫這個「鎖」。畢竟如果要用繪畫來還原詩詞的韻味，需要作畫者有極妙的巧思，而一位叫李唐的考生是這麼畫的：

　　溪水蜿蜒曲折，小橋橫臥溪上，一旁的竹林繁茂，翠色如煙。竹葉掩映中有一面酒旗，迎風飄揚。他雖然沒畫出酒家，但幾個意象組合起來，含義已昭然若揭。於是朕欽定他為第一名，決定好好栽培他。

3.「蝴蝶夢中家萬里，子規枝上月三更」

這道題的難度也不低，主要考的是由「蝴蝶夢」、「子規」、「明月」組合表達的思鄉之情。這次朕選中的榜首叫王道亨，他的畫上描繪的是正在假寐的蘇武。北海冰天雪地，淒涼蕭殺，遠離故土的蘇武正在漫天飛雪中入夢，夢中正是故國模樣。整幅畫孤獨清冷，那種再無法回到故鄉的悲涼令朕的眼眶都有些濕潤。朕不禁想到，若是自己被迫流落異國，那該是何等憂苦悲痛？

這些優秀畫作都被朕好好地珍藏了起來，遇到的好苗子朕也定要手把手地栽培。

但朕做得還不夠多，還沒有給這些未來的書畫大家們更廣闊的天空，所以仍需要繼續努力。

朕願在此立下 flag —— 只要朕還是皇帝一天，就會一直做一棵參天大樹，庇護大宋的書畫藝術。

（PS：真希望那些說朕「躺平」的人好好睜眼看看，有這麼鞠躬盡瘁的「躺平」嗎！）

《雛鷹展翅》
1119 年 8 月
小雨

朕太開心了！這些年的努力沒有白費！

最開始發現的苗子王希孟已經畫出了《千里江山圖》。

後進畫院的張擇端，正在繪製《清明上河圖》。

朕看著這些學子羽翼漸豐的樣子，甚感欣慰。

不僅他們在進步，朕也在不斷學習。比如朕正在專心創造一種新的字體，筆鋒瘦勁，如屈鐵斷金。名字還沒想好，不過這不重要，藝術創造的過程才重要。

《烦》
1120年 10月
大雨

朕已經不理朝政許久了，還以為蔡京他們幫忙管理得不錯，沒想到近日各地竟是起義不斷，導火索還是因為朕的花崗石。

唉，先前朕想畫些異石，還想造一座萬歲山，便命蔡京他們幫朕尋尋，沒想到竟鬧出如此大的動靜。

朕……

唉，罷了罷了。

朕還是去畫院看看學生們吧。

《無題》
1124年 6月
大雨

前陣子，我們的數十萬大軍攻打燕京又戰敗了。因此，我們每年要再加付一百萬貫錢給金朝。

國事繁多，流年不利，朕真的不知該如何是好。

說點開心的吧，之前選為榜首的李唐近日畫了幅《萬壑松風圖》，這幅畫用筆大膽，構圖巧妙，看起來渾厚大氣，真是幅佳品，朕就知道他能行。

他把畫呈給朕看的時候，朕知道他是何意圖。

他心中裝的是國家，想的是復國大業，所以用筆剛硬，滿是刀劈斧鑿般的

硬朗線條。

　　朕愛筆墨丹青愛到了骨子裡，怎麼可能不懂一幅畫的靈魂？

《萬壑松風圖》

　　只是朕除了誇讚他畫得好，別的什麼也說不出來。

　　朕不是不想。

　　是朕，不能啊……

　　所有人都誇朕是個全才，詩詞歌賦、駕馬蹴鞠、書畫音樂，無一不能，比李煜還要更勝一籌。

　　可朕知道這背後的意味。

　　朕什麼都能做得好，獨獨做不好這一國之君。

《再見，東京城》
1126年 12月
大雪

一切都來不及了。

我以為將皇位讓給兒子，就能平息民憤挽回人心。可後來我才發現，這片錦繡江山早已千瘡百孔，不論我做什麼，都修補不好了。

而一切的源頭，就是我信任並親手提拔的那幾個大臣 —— 只因為他們給了我自由，重新做自己的自由。

可沒想到我做回自己的代價，竟是整個大宋。

悔啊……

金軍已經攻了進來，我和兒子也被貶為了庶人。再過不久，我們就要被發配北方。

此時此刻，我忽然又想起那個叫王道亨的畫生所作的蘇武圖。沒想到終有一日，我也要如蘇武一般，在夢中回望故鄉。

聽說李唐不肯向金兵低頭，還畫了《采薇圖》以明己志，我果真沒有看錯他。其實如果我不是皇帝，我們興許能成為很好的朋友吧。

金兵到時入了大殿，這宮中的黃金美玉定會被洗劫一空，不過我並不在乎。

我唯獨捨不得那些字畫，它們都是我珍貴無比的寶貝。

嗚呼哀哉，嗚呼哀哉。

《北行 杏花》

1127年3月
小雨

我們已在發往北方的路上。

今日途中，忽見路旁杏花開放，紅得宛如火焰，百感交集中，我作了首詞。

「裁剪冰綃，輕疊數重，淡著燕脂勻注。新樣靚妝，豔溢香融，羞殺蕊珠宮女。易得凋零，更多少、無情風雨。愁苦，問院落淒涼，幾番春暮。

憑寄離恨重重，這雙燕，何曾會人言語。天遙地遠，萬水千山，知他故宮何處。怎不思量，除夢裡、有時曾去。無據，和夢也新來不做。」

杏花雖美，終會凋零。就像人生，從帝王到階下囚，也不過短短數年而已。

我常想在夢裡回到故國看一看，聞一聞熟悉的空氣，像蘇武一樣。

可我終究是個戴罪之人，是亡國之君。我自知罪孽深重，不配有這麼美好的幻想。

所以故國一次也未踏入過我的夢。

就連那些畫也是。

1127年4月
小雨

若有來生，只做無名丹青手，不做帝王宋徽宗。

BEAUTY

第三章

舞袖生香

蕭台柳‧昭陽燕。她們生於煙花巷陌，
卻沒有被風塵消磨志氣；她們常常被辜負，
卻折不斷一身錚錚傲骨。李師師、王朝雲，
她們是世人眼中的傳奇，命途多舛，卻因多
情而不朽。

春宵一刻值千金，花有清香月有陰。
歌管樓臺聲細細，鞦韆院落夜沉沉。

——北宋・蘇軾《春宵》

雅事集
YASHIJI

燈下對酒，浮生偷閒

YA FASHION BEAUTY

宋朝女子的三大愛好是什麼？當然要數插花、擼貓、吃螃蟹。但什麼人可以插花？養貓的聘書怎麼寫？吃螃蟹都有哪些講究？想知道這些問題的答案，還請往後看。

插花：
老子舞時不須拍，
梅花亂插烏巾香

瑤華／文

說起兩宋風流，怎能少了鮮花的裝點？人們或是於庭院中遍植花木，打造香霧空蒙、明媚鮮妍的院中景觀；或是折花插瓶作為清供，為室內平添一份雅趣。自宋代起，花從供奉神佛祭壇之上走向了百姓的日常生活，插瓶的鮮花成了室內陳設的一部分，也成了宋朝人居家生活的習慣。

每當百花盛開的季節，城中大街小巷都能看到賣花人，他們挽著裝滿鮮花的馬頭竹籃，用悠揚的叫賣聲招徠顧客。不同的節日裡，花瓶中插的鮮花也不一樣。比如在端午節，家家都要插上應景的梔子花、石榴花、蜀葵花和菖蒲；臨近春節的時候，最受歡迎的則是梅花和水仙。即使是平民小戶，也要用花來裝點房屋。楊萬里曾在詩中寫道：「路旁野店兩三家，清曉無湯況有茶。道是渠儂不好事，青瓷瓶插紫薇花」，勾勒出一幅如詩如畫的場景。

當然，古人因為髮型的優勢，最常見的還是簪花於髮，讓天然的清香和色彩伴隨著行走坐臥，別有一番情調。如今說起插花，似乎是女性專屬。詩詞裡也會體現出鮮花和佳人的相得益彰：「照花前後鏡，花面交相映」、「美人纖手摘芳枝，插在釵頭和鳳顫」、「掬水月在手，弄花香滿衣」……足見古代女子與花相伴之久。

宋代的女子無論貧富老少都愛在髮上插花。金玉堂中的閨秀應時插戴四季花卉；山野村姑也會採擷野花充當鬢邊的一星點綴；頭白如雪的老婆婆也愛在蕭疏的銀髮上插滿花朵，彷彿又回到了少女時；連皇后、妃子們也摒棄了珍珠髮飾，簪上牡丹才是最靚的小姐姐。

值得一提的是，在宋代，男人也會戴花，且數量和種類不輸女子，尤其是官場男人。早在唐朝，就有皇帝給大臣賜花的習慣，但當時只有少數大臣可以得此殊榮，到了宋朝賜花就成了普遍現象。皇帝為百官賜宴時，花是必備之物，就像現代參會人員要佩戴證件一樣。

每到節慶之時，大臣、禁軍衛士、小吏、教坊伶人都要按照不同的品級在頭上戴花，甚至有人戴著用各種花朵組成的「花帽」。有詩形容「牡丹芍藥薔薇朵，都向千官帽上開」，真是一片「花花世界」。官員們戴花也有追求吉祥的意思，最出名的莫過於「四相簪花」的典故：韓琦、王珪、王安石、陳升之四人曾經共同欣賞一棵同時開了四朵「金帶圍」的芍藥花，隨後花被摘下，每人各戴了一朵。奇妙的是，此後三十年裡這四人先後都當上了宰相，「金帶圍」也成了官運亨通的象徵。

在這種風氣下，不喜歡戴花的人就較為另類。比如司馬光，他從小就不喜歡華麗裝飾，穿了鑲金帶銀的衣服都會害羞脫掉。在考中進士後皇帝賜宴，所有人頭上都插著花，他還不肯戴，別人提醒他「皇帝賜的花不能拒絕」，他才勉強往頭上插了一朵。

本朝詩人陸游極其愛花，撰寫的戴花詩詞較多。

老子舞時不須拍，梅花亂插烏巾香。

樽前作劇莫相笑，我死諸君思此狂[1]。

他在頭上隨意地插滿梅花，喝過酒後，完全不按節拍恣意起舞。隨後筆鋒一轉，向同他一起喝酒的友人直抒胸臆：我今日的狂態你們不必相笑，待我死後，願你們還記得我的清狂！

詩中的豪邁曠達，因「梅花亂插烏巾香」而更添一分清幽的天然情趣。

宋代人的生活，因花而脫俗，因花而繽紛，留給後世一片錦繡記憶。

[1] 出自宋·陸游《看梅絕句》。

顧閃閃／文

品蟹：
蟹肥旋擘饞涎墮，
酒淥初傾老眼明
①

登過高山，學完插花，閣下可能有些倦了，不如到湖邊的小飯館歇歇腳，對著滿園金菊，品品膏蟹的滋味。

您可能要問了，吃蟹也能算雅事？在中國古人這裡，還真的算。

這一點，從他們給螃蟹起的種種別稱就可見一斑。古時，這種八條腿的古怪生物有三種雅稱，辭賦大家揚雄管牠叫「郭索」，煉丹的葛洪叫牠「無腸公子」，宋人傅肱則直接在自己撰寫的《蟹譜》中稱牠為「橫行介士」，介士者，武士也。

這一會兒公子，一會兒武士，想不到小小的螃蟹在當時竟還身兼數職。不過「郭索」又是什麼意思？揚雄憑什麼規定，這普天下的螃蟹竟都要姓「郭」了？

當然不是這麼解釋的。原來螃蟹腹內皆是膏黃白肉，不見臟器，故曰「無腸」；螃蟹揮舞兩隻大鉗，又有八隻硬邦邦帶鉤子的足，威風橫行起來，就像帶刀武士，故曰「橫行介士」；而「郭索」則是個擬聲詞，專用來形容螃蟹八隻腳走起來發出的碰撞之聲。這三個名字全面地概括了古人心中螃蟹的形象，卻獨獨沒提及蟹的味道。

要瞭解蟹的美味，那你還得問「吃貨」蘇東坡。

經過了千年的傳承，「吃蟹藝術」在宋朝到達巔峰，蘇軾更是其中的吃蟹大

---

① 出自宋・陸游《病愈》。

戶。他認為，蟹最好吃的做法乃是「微生而帶糟」，用今天的話來說，就是「生醃醉蟹」，用酒糟醃過的螃蟹香氣沁人，肉質彈牙，吃上一口，滿嘴留鮮。正如他在詩中自嘲的那樣：「堪笑吳興饞太守，一詩換得兩尖團。」當大文豪有什麼意思，哪有大口吃蟹來得快活？

但宋人料理蟹的手法可不只酒糟一種。孟元老在《東京夢華錄》中就記載了炒蟹、炸蟹和洗手蟹等多種烹飪方式，更有糖蟹、蟹黃饅頭、蟹釀橙等創意菜，不消細說。

不僅如此，宋朝人吃蟹的時節和搭配也很有講究。俗話說：「秋風起，蟹腳癢；菊花開，聞蟹來」，吃蟹的最好時節在中秋前後，「嘗項上之一臠，嚼霜前之兩螯」。大美食家蘇軾又說了，霜前螃蟹的味道，可與豬後頸處的一小塊肉一樣，回味無窮，這輩子不可不嘗。

不過膏蟹雖好，可不能貪嘴哦！

宋代醫書《本草廣義》中明確記載：「此物極動風，體有風疾者，不可食。」話雖這麼說，但就連宋仁宗趙禎也抵抗不了大閘蟹的誘惑。仁宗少時體寒，又極嗜蟹，螃蟹一吃多了，頭暈便秘、咳嗽多痰等各種毛病就都找上來了。但一國之君想頓頓有蟹，非吃不可，還有誰敢攔著？

您別說，還真有。

臨朝聽政的劉太后：「把碗裡蟹黃都給他打翻嘍！」

飯桌上驟然少了鮮美的螃蟹，仁宗是吃不好也睡不香，除了在小本本上暗自記仇外，也沒別的法子。但這時，一向護短的楊太后坐不住了：「讓他吃！讓他吃！誰敢虧著我們寶？」

從吃蟹這件小事就可以看出來，宋仁宗從小就生活在一種兩極分化的家庭環境中。但兩位太后的行為，都有她們的道理。劉太后崇尚精英教育，關注孩子的身體健康；楊太后則更注重孩子的心理關懷，她認為螃蟹那麼好吃，多吃幾口又不會怎樣，堂堂九五之尊連盤中餐都不能自主了，這個皇帝當得還有什麼意思？

宋仁宗：「囉唆了那麼多，這口螃蟹還能不能給朕吃了？」

好吧各位，今日的雅事就介紹到這裡，待到膏滿黃肥的時節，大家不要忘記蒸兩隻螃蟹，品品其中鮮美哦。

顧閃閃＼文

聘貓：溪柴火軟蠻氈暖，我與狸奴不出門①

大文豪陸游最近有點煩惱。

秋涼多雨，他這幾天本來就失眠，輾轉醒來，好嘛，放在桌案上的幾摞書卷全被老鼠齧咬得一片狼藉。南宋時期，雖說活字印刷術已經被發明出來，但一本書還是很貴的，何況知識無價，書架上還有他親手寫的幾千首詩呢！

陸游心中懊悔極了。起初老鼠在啃食家具和果簋的時候，他沒有放在心上，直到現在耗子們拖家帶口，四處橫行，毀壞書冊才後悔莫及。如果再給他一次機會，他一定會選擇養一隻小貓，如果把養貓訂個期限，那肯定是越早越好。

這裡可不是筆者在玩老哏，《鼠敗書》中就記載了陸游的原話「向能畜一貓，狡穴詎弗獲？緘縢又蕩然，追咎亦何益。惸偷當自戒，鼠輩安足礫。」

說幹就幹，陸游跟左鄰右舍打聽了一下買貓的流程，這才知道，在大宋朝，擁有一隻小貓可真不是一件容易的事。首先，買賣牲畜簽訂一封契約書即可，養貓卻要專門簽一封「聘書」。古人娶妻納妾，為自己尋求伴侶時，常用到「聘」字，可見貓咪在當時，就已經有了「磨人的小妖精」這種「標籤」了。

① 出自陸游《十一月四日風雨大作》。

說到「聘」，自然少不了聘禮。如果是向貓主人聘新生的小貓，就要給主人家送去鹽或茶葉；如果是撿回路邊的流浪貓所生的小貓，那就要給貓媽媽送一串小魚乾。陸游考慮了一下，聽說街邊的流浪貓剛生了幾隻小崽，陸游決定做件好事，以收養代替買賣。於是陸游當天就到市場上買好小魚，用柳條穿好去認領自己的小貓啦。

值得一提的是，聘書上除了聘禮外，還有對被聘小貓的要求；既然收了人家的小魚乾，就要替人家辦事。具體要求有要盡職盡責抓老鼠、不要到處亂跑、不可以偷東西吃……至於貓執不執行，那就是另一碼事了。

被聘之貓表示：我又不認字，我只是一隻小貓咪呀。

從陸游的眾多「擼貓詩」中可以得知，他共養了三隻小貓，還給每一隻貓都專門寫了「冠名詩」。他誇讚第一隻小貓是捕鼠能手，為保衛家中書籍立下了大功，還給牠取了個名字叫「小於菟」。於菟就是老虎，可見這只貓咪在陸游心中，是怎樣威風凜凜的小模樣。陸游還總覺得牠跟著自己生活是受了委屈，「寒無氈坐食無魚」，心中十分慚愧。

陸游的其他兩隻貓分別叫作粉鼻和雪兒，抓老鼠的能力也是一流，只想著掏老鼠洞，從不討魚吃，堪稱貓中楷模。但除了捕鼠外，在陸游心中，這些「狸奴」還帶給了他更珍貴的東西，那就是陪伴。

「隴客詢安否，狸奴伴寂寥①。」陸游晚年仕途坎坷，報國無門，退居老家山陰後，他滿心的苦悶難以排遣，還好家中有幾隻小貓逗他開心。他安慰自己，不要懷有孤寂的念頭，不是還有大狸奴陪著你嗎？

陸游很愛自己的小貓，將自己睡覺的氈席分一半給牠們，還專門去買了貓類喜歡的「貓薄荷」，是一位相當負責任的「鏟屎官」。但他卻常常覺得，是這些小貓救贖了自己，還猜想牠們是自己前世的舊童子，今生才會來到家裡，陪自己終老山村。

① 出自陸游《北窗》。

世間尤物意中人。輕細好腰身。香幃睡起，發妝酒釅，紅臉杏花春。

嬌多愛把齊紈扇，和笑掩朱唇。心性溫柔，品流詳雅，不稱在風塵。

——北宋·柳永《少年游》

美人錄
MEIRENLU

芙蓉如面，秋水為骨

- 國民女神李師師
- 解語紅顏王朝雲

FASHION BEAUT

李師師
千古青樓第一流

Li Shis

追求者多

澄清一下

不是緋聞

并刀如水，吳鹽勝雪，纖手破新橙。

李師師
jie ao

千古青樓第一流

秦艽──文

今夜的礬樓與往常一樣。

作為北宋東京的七十二家酒樓之首，它三層相高，五樓相向。飛橋欄檻，明暗相通，簷角交錯，富麗堂皇。

走不了幾步就能在樓閣間看到一幅幅文人騷客們的酒後題字，交錯的燈火伴著不時傳來的溫軟歌聲與嬌俏歡笑，琵琶叮叮作響，恍若一顆顆撞擊玉盤的珍珠，開壇美酒香氣四溢，直教人聞著便醉得不知西東。

同往常一樣，這裡歡笑喧鬧聲不絕於耳。但心細敏銳之人可察覺裡外間的細微差異：

廊間奔走著三兩個端著白玉酒杯的小廝，他們邁著急匆匆的步伐靈巧地穿過擁擠的人群。

他們常年混跡在這聲色犬馬的繁華之地，本該油鹽不進，此刻卻格外局促緊張。他們叩開房門，三三兩兩散成一團，在李鴇的指揮下佈置著房間，格外小心；末了趁其不備時湊在一起偷摸聊著天，悉索幾個音漏出，斷斷續續拼成一句話：

「趙人人，又要來了。」

李師師對發生的一切充耳不聞，她正俯在窗欄上看著樓下來來往往面色殷紅的客人。只有在婢女小桃擔心她著涼，為她披上一件素色披風時，她才肯緩緩地抬起頭，抬眸迎上小桃圓圓的眼睛，露出一個淺淺的微笑。

她與這樓裡的姑娘不同。比起那些個連指尖都要塗著丹蔻的姑娘，她顯得尤為清冷。

素白的面龐未施粉黛卻也細膩得彷若陶瓷，唇上僅淺淺地點著些胭脂，這樣淺的胭脂卻也將她襯得分外嬌豔。她低垂著頭的時候，銀釵點綴的鬢邊滑下幾縷髮絲彎在她臉頰旁，連弧度都溫柔極了。

門庭外傳來幾聲叮噹作響的馬蹄聲，不久便從偏門進來幾個僕從模樣的人。他們身著黑灰色長衣，那衣物初看平平無奇，細瞧料子卻極為考究。

有一人格外顯眼。他穿著月白的長衫，腰間別著一塊奇特的玉佩，烏黑的頭髮整齊地束在玉冠裡；他手上開著一把摺扇，扇面上有用娟秀字體題的短詩，落款處隱約能看見個「師」字；扇骨是白玉做成，在燈火的映襯下格外晶瑩剔透。

他輕搖摺扇，踏過門檻走進來，面若冠玉，氣質非凡。

走過李師師的樓下，他狀若無意地抬眼，正巧對上樓上那人的目光，鬢鴉凝翠，鬢鳳涵青，真可謂是：秋水為神玉為骨，芙蓉如面柳如眉。他不由得癡了，停駐在原地，摺扇也停滯在半空中。

他抬頭，她低頭，四目相對，萬籟俱寂。

半晌之後，李師師嫣然一笑，轉身落坐在銅鏡前。她的笑容還掛在臉上，眸子卻漆黑得如同京城的夜色，她不眨眼地盯著鏡子裡的人，手裡不住地摩挲著桌上的胭脂盒。

樓下，人們紛紛驚醒過來，白衣人急不可耐地上樓，留下隨從們在門口的名冊上簽名。

李鴇頗有眼力見地帶著一眾小廝從房間裡魚貫而出，小桃垂著頭跟在隊伍最後面，走出門前她忍不住又一次看向那個坐在鏡子前的姑娘，只留嫋嫋婷婷的背影。

李鴇出門正巧遇上那白衣人，她滿是皺紋的臉上堆積出諂媚的笑容。樓上的名冊上留下了龍飛鳳舞的幾個字：「殿試秀才趙乙」。

可這攀樓裡的人都知道，那才不是什麼秀才。

那是這天底下最尊貴的人 —— 當朝天子趙佶。

 人間有味俱嘗遍，只許江梅一點酸

樓上的窗很快關上了，錚錚的琵琶聲從縫隙裡飄出，淹沒在一片喧鬧中。

客人結束了一場美麗的幻夢，又繼續投入到屬於他們的風花雪月中，徒留下一句「此女只應天上有，人間能得幾回聞」，很快也被新的嬌俏聲掩蓋。

小桃站在樓下，抬頭望向那緊閉的窗戶。只有這時，她才會從李師師的房間走出來，走進這片她似乎已經不適應的熱鬧中。

自李師師將她帶進房間起，她已有很長時間沒有出去過。

哪怕是李師師接客時，她也多躲在門簾後，縮在衣櫃裡，藏在床板下……透過縫隙，她看李師師一雙碧眼煙波朦朧，她抱著琵琶，輕攏慢撚，轉軸撥弦地唱曲。

這樣的日子持續了很久，直到他來。

大觀三年（1109 年）八月十七，他是一位新奇的客人：面白如玉，風度翩翩，身著素色長袍，衣袍上的縫線在陽光下閃著金光，仔細一看竟是用金線勾勒。他搖著一把白面玉骨的摺扇，腰間墜著一塊白玉佩，自稱殿試秀才趙乙。

他信步走上前來，呈上見面禮：紫茸二匹、霞疊二端、瑟瑟珠二顆、白金二十鎰。點名要見李師師。

小桃看著那男人，震撼於他眼波之中小視一切的態度。

李師師卻顯得毫不在意，她慢條斯理地沐浴，直至一個時辰後才肯從水中出來。小桃替她插上一隻步搖挽住她半濕的頭髮。

她攏了攏耳邊的髮絲，衝著門簾之外開口道：「李媽媽，客人還在嗎？」

這聲音如清泉撞擊石岸，又似珍珠落盡玉盤；如煙波流散，又如春風撫蘭。這聲音看似鑽入耳中，實則沉入心底，像一條百轉千迴的絲線，直勾得人

五臟六腑都細密地顫動起來。

　　語罷，簾瓏輕挑，李師師懶洋洋地步入房中，她的髮梢上還帶著些水珠，水滴順著她修長的脖頸流進她的鎖骨；她的肌膚白皙勝雪，眼睛細長含著些水汽。她隨意地撩撥頭髮，柔若無骨的嫩手在墨髮的映襯下更顯得妍麗。她從內而外都散發出一種清冷孤傲，偏生得一雙溫柔流轉的眼眸，俘獲人心。

　　那官人看直了眼，不由自主地嚥了嚥口水。

　　似是聽到了這一聲，她輕輕笑了，笑容淺淺地綻放在她未施粉黛的臉上，如同一滾熱油潑在了他的心裡。

　　她一步三搖地走到他面前，盈盈下拜，象徵性地為自己的晚到表達了歉意。她吐露規矩的說辭，眼裡卻含著一股無所畏懼的笑意。趙佶平素見慣了旁人尊敬的樣子，突然這般倒令他覺得新奇極了。

　　她走到琴前，為他唱了一曲《萬里春》：

「千紅萬翠。簇定清明天氣。為憐他、種種清香，好難為不醉。

我愛深如你。我心在、個人心裡。便相看、老卻春風，莫無些歡意。」

　　她的歌喉琴藝，在東京是少有匹敵的。他聽著她柔綿婉約的彈唱，彷彿墜入夢中，如癡如醉，不自覺地以手和拍相擊。

　　一唱一和間，她那多情婉轉的眼眸向他投來了清幽的一瞥，她身著乳白色的衣衫，抬手撥弦間從袖口露出些似有似無的清香，她唱著淒婉纏綿的曲子，一呼一吸間是淡淡的憂傷……

　　他感覺自己心跳忽地漏了一拍。

　　次日清晨，他解下龍鳳鮫綃絲帶，送給她作定情信物。在天色微明之時，他匆匆告別了。

　　李鴇來收拾房間時，對還窩在床上的李師師感慨：昨日的客人來頭不小。

　　李師師拿著那條絲帶垂下眼簾，半晌才頗為倦怠地抬眼。她咧嘴一笑，疲

愫中透著些狡黠：

「當然，他可是當今聖上。」

一切如她的料想，初次會面她的晚到不僅沒讓皇帝發怒，反而讓他差人送來了大把銀子。自那之後，皇上經常來礬樓「微服私訪」，與美人共享魚水之歡。

此事很快在皇宮內部傳開，某次在天子的宴會上，有個嬪妃悄悄地問宋徽宗趙佶：「她到底是個什麼樣的姑娘，能讓陛下如此喜歡？」

他哈哈一笑也不怕傷了在座妃子們的心，說道：「她即便和妳們穿著同樣的衣服站在一起，也會迥然有別。」

他端著酒杯，瞇起眼睛看著那波光蕩漾的液體，隨即仰頭一飲而盡，意猶未盡地發出一聲歎息：「她的氣質和韻味已超脫容貌。」

張迪在一旁揣著手，眼珠一轉又心生一計。

當年就是他以一句「人間有味俱嘗遍，只許江梅一點酸」向皇上「引薦」了礬樓裡的李師師。如今為了不讓皇上終日躲躲閃閃，他獻計：在離宮旁邊秘密地挖一地道通向礬樓的偏門，如此不易為外人察覺聖上的行動，也可保聖上的安全。

於是，離宮一帶被列為禁區，御林軍日夜巡邏，而地下的通道則直接挖到了李師師的門口。

自此後，皇帝衣襟上終日浸透著李師師的冷香，那把白面摺扇也被她用娟秀的字跡題上了他為她寫的詩……

 并刀如水，吳鹽勝雪，纖手破新橙

身為一個歌妓竟能得一國最高統治者的如此垂愛，當真是古今罕有之事。很快礬樓上上下下都知道了這件事，李師師的房門也從一開始的「門庭若市」轉變為「門第尤峻」。

儘管李師師依然是京城的傳說，可試問，又有哪個吃了熊心豹子膽的，敢來招惹皇帝寵幸的女子呢？

李師師未曾料到，真的有人無所畏懼，冒死而來。

他是遠近聞名的才子，周邦彥。

周邦彥字美成，錢塘人，風雅絕倫，博涉百家。他能按譜製曲，所作樂府長短句，詞韻清蔚，在宋神宗的時候就做了朝廷的太樂正。

他時常往來攀樓為李師師作曲寫詞。

彼時他已年老，見她不為色欲，只戀慕她的才華，一心想與她結成詞曲知己。他為她寫新詞，她替他唱新曲，兩人一個精詞，一個工曲，一寫一演，一唱一和。

有時她會扯出一個挑逗的笑：「皇上寵幸過的女人，你還來見，不怕掉腦袋嗎？」

他只是輕笑著，握筆輕輕沾上墨汁，宣紙一鋪又是一首好詞躍然紙上，那手沾墨運筆間就好似她彈琵琶一樣靈巧。

這時她便輕笑著湊在他耳邊，秀口微張，壞心眼地吐出一口氣，看著執筆之人耳尖通紅，渾身一僵，才狡黠地悠然走到桌沿旁為其研墨。

一次，他又趁皇上不在，偷偷來找她。

正當二人填詞作曲之時，小桃慌慌張張衝上樓帶來一個消息：皇上就要從地道來了。

周邦彥大驚，不知所措。

看著他驚慌失措的模樣，她不禁覺得好笑，斜倚在椅子上神情自若地扇著風，看他扯著自己的衣袖，嚇得面色慘白直冒冷汗，不住地央求她救他。他晃著她的衣袖，她本想吐出的幾句嘲諷也嚥了回去。

她拉開床板，讓他躲進去。

安頓好周邦彥，李師師整理了衣衫，含著春風拂面的微笑接見了皇上。皇上今日為她帶來了江南新進的橙子。

　　她在這礬樓生活了二十多年，見過了五湖四海的客人，一來二去倒也養刁了她那一張嘴，對吃甚是講究，與宮裡的鶯鶯燕燕自是不同。

　　她窩在皇上的懷裡，叫小桃取來一把并州產的小刀，那刀是她幼年逃亡路上偶遇的一位同行人所贈予。十幾年了，它還是又薄又亮，削鐵如泥。

　　她素手一翻，撥弦一般地輕鬆切開橙子，又往碗裡撒了一點吳地產的雪白精鹽，用水沖化了，把切好的橙子放在鹽水裡蘸著。

　　她歪著頭夾起一塊橙子送進皇上的嘴裡，笑著問他是不是更甜了些。皇上笑著含住橙子在她的額頭上落下一個甜膩的吻，一切盡數落在床底的周邦彥眼裡……

　　清晨，皇上戀戀不捨地離去。李師師從床底拉出狼狽了一晚上的大詩人，他衣冠不整，渾身都沾滿了灰塵，臨走前他留下了一張宣紙，上面龍飛鳳舞地寫著一闋《少年游》：

　　「并刀如水，吳鹽勝雪，纖手破新橙。錦幄初溫，獸煙不斷，相對坐調笙。

　　低聲問：向誰行宿？城上已三更。馬滑霜濃，不如休去，直是少人行。」

　　李師師看後竟是咯咯笑出聲來，小桃湊上前去看了半晌也看不出什麼名堂，只見她頗為歡快地撥響琴弦，為其譜曲。

　　她不知周邦彥是出於極度酸楚還是賣弄才華，抑或是二者皆有才寫下了這樣的詩句。在皇上下一次來的時候，她狀若無意地把這新做好曲的《少年游》唱給了皇上聽。

　　皇上見詞中說的是上次幽會時極端私密之事，十分惱怒。經過各方算計，周邦彥以「職事廢弛」罪被趕出京城。

　　聽到這個消息的時候，李師師正在梳妝。

　　她梳頭的手在頭上停了片刻，梳妝完畢後，她對小桃說要給周邦彥送行。李鴇邁著急匆匆的步伐堵在了她的房門口，佈滿皺紋的臉上寫滿了慌亂。

小桃縮在她後面大氣也不敢出一聲，李師師看著李龜的臉露出一個幾乎歎息的笑：「我不會走的，不會像姐姐一樣。我知道攀樓裡不能沒有李師師。」

小桃抓著她的衣角，仰頭看向那張滿是哀傷的臉。

她最終在河畔見到了周邦彥。

他很憔悴，可那一雙眸子還是她第一次見他時那樣，閃著文人特有的略帶輕狂的光。她盈盈走上前去握住他的手，一句話沒說，眼神裡卻透出了無盡歉意。他好脾氣地摸著她的髮旋寬慰她。

他的眼神溫柔，不像是情人，倒像是長輩，在看一個疼愛至極的孩子。

他給她留下了一首詞。

李師師失魂落魄地回到攀樓時，皇上已經等了許久。他早知她是為周邦彥送行，心中憋悶，語氣自是不好：「師師，妳到哪裡去了，我苦等了好幾個時辰！」

她抬眼，眼裡竟已是含滿了淚水，她走到他跟前款款跪下：「請皇上恕妾之罪！周邦彥被押解出京，妾念他為妾譜了許多歌詞，今為妾填詞而獲罪，且又年事高邁，好生不忍，所以到都門以杯酒相送！」

皇上心裡一怔，看著眼前人兒愁眉淚睫，憔悴不堪的模樣，不禁生出了些惻隱之情。他別過臉去不肯看她，口裡卻問道：「周邦彥說了些什麼？」

李師師於紅塵中摸爬滾打多年，早就生得一顆七竅玲瓏心，聽皇上此言就知此事定有轉機。她抱起琵琶：「容妾理弦而歌，為陛下獻上一曲《蘭陵王》。」

柳陰直。煙裡絲絲弄碧。隋堤上、曾見幾番，拂水飄綿送行色。登臨望故國。誰識。京華倦客。長亭路，年去歲來，應折柔條過千尺。

閒尋舊蹤跡。又酒趁哀弦，燈照離席。梨花榆火催寒食。愁一箭風快，半篙波暖，回頭迢遞便數驛。望人在天北。

悽惻。恨堆積。漸別浦縈迴，津堠岑寂。斜陽冉冉春無極。念月榭攜手，露橋聞笛。沉思前事，似夢裏，淚暗滴。

她唱著，腦子裡閃過過往的種種，迎向聖上的目光，眼淚恰到好處地從臉上滑落。

她就這樣一邊唱，一邊用紅巾擦淚，唱到「酒趁哀弦，燈映離席」時，幾乎是歌不成聲。曲調淒然，皇上也忍不住淚濕眼眶。他認為自己是個大有慧根的人，從李師師房中走後的第二天，他便降旨復召周邦彥為大晟樂正。

令人意想不到的是，經此一事，徽宗反而天天與周邦彥混在一起，填詞作詩，逍遙快活。

有道是：女媧補天已荒唐，又將荒唐演大荒。

借問江湖與海水，何似君情與妾心

這日，攀樓裡來了一夥奇怪的人。

為首的人衣著光鮮，舉止不俗。他身著華服，身高六尺，額闊頂平，天倉飽滿，走動時有若狼形，有養濟萬人之度量。

跟在他身後之人，一人約莫四十不到的年紀，生得龍眉鳳目，皓齒朱唇，三牙掩口髭須，步行端正而規矩；另一人則與之截然不同，黑熊般一身粗肉，外加一字赤黃眉，雙眼赤絲亂系，怒髮渾如鐵刷，猙獰好似獠猊。

李師師倚在床榻邊，輕搖著扇子，饒有興趣地打量這一行人。

待其走近，她起身，斂手向前，儀態萬方：「官人一行人氣宇軒昂，今至小女閨房，令綺閣蓬蓽生輝。」她低頭斂目，大氣從容。

人群裡站著一個身著勁裝的青年，聞言抬起那雙始終清清冷冷的雙眼，正對上她笑盈盈的目光，他目光閃爍偏過頭去。

她看著他笑得滿目星辰。

她認得他，前不久她從他那兒扣下了他的腰牌：不過是普通木料，上面單刻著一個「青」字。

小桃奉茶站在一邊，癡癡地盯著她。她從沒有見過這樣的李師師，看著她

眸子裡盛不下就要溢出的柔情，小桃腦子裡只有一句話：他不一樣。

那次之後，那位青年便總是來她的閨房。與旁人不同，他總是從窗戶進來，再從窗戶離開。他進來時，舉止間獵獵生風，好似濁浪排空驚濤拍岸；臨走時也是行雲流水，頗有一種「事了拂衣去，深藏功與名」的感覺。

小桃知道，他是江湖上的大俠。

而彼時東京城大街小巷傳遍了一條消息：元夜梁山賊寇李逵大鬧東京城。

此事驚動了官府，礬樓也被牽涉進來。李師師頗為鎮定地將府兵應付回去，轉身回到窗前，叩了叩窗欄。片刻之後一個黑衣人旋身落進房間，李師師看著他，輕聲道：「原來你是從梁山來的。」

他偏過頭去不言語。

她躍步上前撫著他的臉，忽然笑了：「原來你就是燕青。」

他這才抬眼：「你知道我？」

「浪子燕青的大名響徹江湖，如何不知？」她繞著他轉圈躍步，一雙素手繞過他的脖頸，「傳聞都說此人不僅棍棒參差，搥拳飛腳，四百軍州到處驚，而且藝苑專精，屬實的風月叢中第一名，故稱其浪子燕青——」

說到最後一句她踮著腳尖湊到他耳邊，將「浪子燕青」四個字念得溫柔而纏綿，看著他耳尖泛紅咯咯笑了起來。

他將她扯進懷裡，在她耳邊輕聲說：「上次那群人中為首的是梁山首領，宋江宋公明哥哥。身後跟著的一個是江湖人稱『小旋風』的柴進柴大哥，還有人送外號『黑旋風』的李逵兄弟。我們從梁山來東京，是想完成宋公明哥哥招安的大業……」

言盡於此，像她這般聰慧之人，早就懂了。

懷中的人沉默著沒有動作。

半晌，她直起了身，一雙會說話的眼睛定定地望著他。

他從懷中掏出一封信：「這是公明哥哥那日見過姑娘後，為姑娘寫的。」

「天南地北，問乾坤，何處可容狂客？借得山東煙水寨，來買鳳城春色。翠袖圍香，鮫綃籠玉，一笑千金值。神仙體態，薄倖如何消得！

想蘆葉灘頭，蓼花汀畔，皓月空凝碧。六六雁行連八九，只待金雞消息。義膽包天，忠肝蓋地，四海無人識。離愁萬種，醉鄉一夜頭白 。」

她沒有接過那封信，眼睛一刻也沒有從他身上移開，那雙含水的眼眸似是會說話一般，它在替她說：「你來見我只是遵了你哥哥的命，來討一紙赦書嗎？」

他也同樣望向她，那雙始終冷清的眼睛裡此刻卻蘊含著一種不能言說的情緒，濃郁得彷彿要卷起風雪暗潮。

那一道劍眉似乎也感應著主人的情緒而淡淡皺起，一切都是淡的，卻好似在一瞬間經歷了一場風起雲湧，好似在幽暗的深淵中卷起一把洶湧的火，繼而將一切都燒了個乾淨。

小桃縮在門簾後看著眼前場景，她從未見過如此悲傷的場景，她不明白其中深意，只單純覺得難過。

她的眼淚嘩啦嘩啦地流，彷彿在替那兩個不能流淚的人將全部的悲傷都流盡。

後來，李師師還是替他在背上刺上了「忠義」二字，用的是那把并州產的小刀。她為他披上衣服時，輕輕在他耳邊落下一句：「你從大名府來，可還記得二十年前逃亡路上的小姑娘和這把并刀？」說罷，沒等他回答，她便迅速地轉身，只留給他一個窈窕又蕭索的背影。

李師師替他在宋徽宗耳邊吹風，她的手臂環過宋徽宗的脖子時，他蹲在攀樓的屋頂吹著冷風，看那晚寂寥的月色。

她替他安排了與皇上的會面，替他拿到了他一直想要的那一紙赦書。

---

① 出自施耐庵《念奴嬌‧天南地北》

敕書拿給他的時候，他並沒有她想像中的那般開心。他只是近乎溫柔地看著她，伸手捧起她的臉給了她一個青澀卻溫柔的吻，他們的第一個吻。

他們都知道，此次之後，他就要離開東京回梁山了。

臨走前，他忽然轉頭問她：願不願意跟他走？

小桃看見她笑了，眼睛裡晶亮亮的，像含著破碎的星辰。

這星辰化作銀河從她的臉頰流下，掉到地上。她笑得比任何時候都漂亮。

 當時明月，兩處照相思

公元1120年，燕青來的最後那晚。

小桃流下了最多的眼淚，不是為她自己，是為那個她日日夜夜看了十幾年的人。

她是年少時被李師師從李鴇手裡討來的。

她本是窮苦人家的丫頭，因家中無米下鍋，被二兩銀子賣進了礬樓。

她年歲尚小，身材瘦弱，每日灰頭土臉的，混在一眾婢子中為客人端茶倒水。某次，她端著剛出鍋的糕點，要去送給礬樓最出名的頭牌歌姬 —— 李師師。

彼時李師師風華絕代，早已名動京城。

坊間皆傳她本是汴京城內經營染坊的王寅的女兒，三歲時父親把她寄名佛寺，老僧為她摩頂，她突然大哭。

老僧人認為她很像佛門弟子，那時大家都管佛門弟子叫「師」，故稱其為王師師。

王師師四歲時，父親因罪死在獄中，她流落街頭，被經營礬樓為業的李蘊收養，改名為李師師，從此隨她研習琴棋書畫，以歌舞侍人。因其「人風流、歌婉轉」引得文人雅士紛紛為其題詩，連詞曲大師張先在其出道時也為其創作了新詞牌《師師令》：

「香鈿寶珥。拂菱花如水。學妝皆道稱時宜，粉色有、天然春意。蜀彩衣長勝未起。縱亂雲垂地。

都城池苑誇桃李。問東風何似。不須回扇障清歌，唇一點、小於珠子。正是殘英和月墜。寄此情千里。」

還有至今仍掛在攀樓閣樓間，晏幾道親筆題詞的《生查子》：

「遠山眉黛長，細柳腰肢褭。妝罷立春風，一笑千金少。

歸去鳳城時，說與青樓道。遍看潁川花，不似師師好。」

小桃走過樓閣，看著這一張張寫滿龍飛鳳舞字跡的紙被小廝奔跑時帶起的風吹得嘩啦啦響。她端著糕點，聞到一陣淡淡的香氣，那香氣是浸透了酒香，伴著脂粉再夾雜些許清幽的墨香，好像從歲月深處散發出來的一樣。

「遍看潁川花，不似師師好。」她看著泛黃的紙張，情不自禁唸出了聲。

小桃走進房間的時候，看見李師師正在上妝。她正拉開妝奩，拿出一塊陳舊的胭脂搽在臉上，又拿出一張紅紙放在唇間一抿，鏡中的人像一下子變得妖豔嫵媚起來。

她撫著臉龐，眼眸深處翻起一陣洶湧的情緒，幾乎要衝出她的眼眶。

小桃端著盤子呆立在原地，忘記了叩門行禮。

來攀樓一年了，她從未看過這樣的李師師。

李師師與攀樓鶯鶯燕燕的姑娘們不同，她幾乎不施脂粉，喜著絹素，整個人清冷得像一朵冰山上的雪蓮。

而此刻小桃看著她嫣紅的臉頰，有那麼一瞬間，她感覺眼前的人好像不是李師師，是另一個人。即使站得很遠，好似也能感覺到那股「明豔」之下無法壓抑的苦澀。

她情不自禁地往前走，全然沒有意識到她沾滿灰塵的臉已然映在了銅鏡裡。

她們在銅鏡裡四目相對。

後來李師師帶著她見過了李鴇，將她討到身邊。

這麼些年，師師從來待她極好，給她梳洗打扮，教她音律歌舞。

她看過來的目光總是溫柔極了，可小桃總覺得那目光雖落在自己身上，卻又好像透過了自己……

小桃流著淚，想起了三個月前，李師師遇見燕青的那個晚上。

李師師帶著她坐在攀樓的陽臺，那晚的月亮圓得像一塊晶瑩剔透的白玉盤。

李師師抱著酒罈對著月亮喝得雙頰嫣紅。

她看著月亮，小桃卻在看她 —— 看她無瑕的臉在月亮的映襯下燦燦生光，看她彎彎的柳眉，看她如春水般清波流盼多情流轉的眼眸。那雙眸子在酒氣的薰染下泛著淡淡的紅色，水遮霧繞，媚意蕩漾，小桃捨不得眨眼。

李師師對著月亮，舉起酒杯，似乎在等誰碰杯。

小桃默默給自己斟上一杯酒，輕輕地碰了上去，末了看到她笑了，笑得露出兩個淺淺的梨渦。小桃昂首飲下了那一杯酒，安靜的空氣裡藏不住李師師飄然落下的那句「原來已經二十年了……」

小桃跟在李師師身邊十幾年了，早已習慣了聽她說一些自己聽不懂的話。

她似乎是個很寂寞的人，這麼多年來她的心裡似乎藏著一個人。但小桃一直不知道是誰……

直到這一刻，月光下，她從衣袖裡掏出一張信紙，上面是她娟秀的字體：

「年時今夜見師師，雙頰酒紅滋。疏簾半卷微燈外，露華上、煙裊涼颸。簪髻亂拋，倀人不起，彈淚唱新詞。

佳期誰料久參差。愁緒暗縈絲。想應妙舞清歌罷，又還對、秋色嗟咨。惟有畫樓，當時明月，兩處照相思。」

　　小桃第一次讀這首詩，只讀得面紅耳赤。這詩實在寫得纏綿悱惻，絕不像出自一般訪客之手。

　　信紙攤在地板上，紙上壓著那個刻著「青」字的木製腰牌。

　　小桃紅著臉，不知是在看信，還是在看腰牌，眼眸微垂喃喃自語道：「『當時明月，兩處照相思』原來是這個意思……」

　　這份寫著纏綿心意的信紙正被微涼的晚風吹得嘩啦啦響，讓小桃想起了那天的閣樓，想起了那股從歲月裡散發的香氣……

　　小桃又去了那個掛滿了名人題詩的閣樓，她穿梭在紙張裡，看著鼎鼎大名的詞人們為姐姐寫的詩。

　　在眾多詩文大家中，「秦觀」這個名字脫穎而出。他留下的詩句不算多，但每首都透出一種令人回味無窮的美感。

　　疏朗流暢的章法，連接精緻典雅的詞句，既高雅，又不凝澀晦昧、難以索解，意境淒迷濛曨，辭藻精美凝練、琳琅觸目，一切都恰如其分、恰到好處。

　　當然這些都不是小桃注意到他的原因，令她只一瞥便挪不開眼的是那首僅有上聯的殘片：

　　「年時今夜見師師，雙頰酒紅滋。疏簾半卷微燈外，露華上、煙裊涼颸。舊髻亂拋，偎人不起，彈淚唱新詞。」

　　這首詞只寫了一半便沒了後續，可她知道下聯。

　　她的眼前忽然出現了月光下雙頰嫣紅的李師師，想起她那雙亮晶晶的眼睛。她將這首詞看得仔細，細看暈開已不分明的落款日期……她不知是抱著什麼樣的心情，瀏覽了全部詩詞的落款日期。

　　她看過一張張泛黃的紙，心緒凝結。她知道李師師最多大她十歲，也悄悄估算過她該是元祐五年（1090年）左右出生，然而這些詩詞的落款卻有元豐三

年（1080年），甚至熙寧三年（1070年）的。那首名動京城的《師師令》，落款竟是熙寧七年（1074年）……

她想起李師師每次看向自己的眼神，好像忽然懂了：原來在這攀樓裡從來都不只一個李師師。

她抓住那張紙對著空氣落下一個並不需要答案的問題：

「相思之人也是妳所思念的人嗎？」

◢◣　　千古青樓第一流　◢◣

小桃成為攀樓的頭牌時，李師師已經離開很多年了。

北宋也畫上句號很多年了。

這麼多年來，小桃一直跟在李師師身邊，看著她被天下最尊貴之人臨幸寵愛，看著她被封為「瀛國夫人」，看著她和周邦彥吟詩作曲，琴瑟和鳴，也看著她和燕青……

小桃撥著琵琶，看著來往喧鬧的人群，忽然想到了李師師去拜別周邦彥的那日，想到她垂著眼睛說「攀樓裡不能沒有李師師」的模樣。

不知道是不是因為這句話，李師師最後才沒有選擇和燕青走。

她甚至不知道，困住她的究竟是這個頭銜，還是這份思念。

她下意識學著她的模樣撥了一下琴弦，琴弦發出一聲嗚咽，唱出的歌詞化作了一場歎息。

她錯了。

如今的攀樓，早已沒有李師師很多年了。

可它依然存在，並將一直存在著。

北宋滅亡時，攀樓曾遭遇了滅頂之災。李師師的芳名傳遍了大江南北，自然也傳到了金人的耳朵裡。

他們帶人將攀樓上上下下翻了個遍，也沒有找到她。那是自然，早在北宋

滅亡的第一天，李師師就悄無聲息地消失了，連小桃都找不到的人，金人又怎麼找得到呢？她看著他們氣急敗壞地在礬樓裡撒潑，她曾以為，礬樓完了。

可是，礬樓沒有完。

它奇跡般地又重建了起來，屬於它的風月也還在沸騰，還在奔湧。

她再也沒有見過李師師，但關於她的傳說卻從未消失。有人說她是禍國的妖孽，也有人說她是青樓裡罕見的有情有義之人，敢於為了國家在金人面前自戕。

小桃每每聽到這些傳聞總是嗤笑。

北宋的滅亡從來與李師師無關，人們卻偏巧喜歡在她身上強加功過，人們需要她放蕩，她就是禍國妖孽；需要她忠貞，她就是貞潔烈女。小桃想，李師師或許就是被這些聲名一步一步壓垮的。

這麼些年，她看著李師師。

看她給了宋徽宗肉欲的滿足。

看她給了周邦彥一杯別離酒。

看她給了燕青一紙赦書。

卻唯獨不知她有沒有給自己一個歸宿。

她枕著北宋都城煙花般的繁榮，最終湮沒在了歷史長河沖流而來的泥沙裡。

小桃撥著琵琶，掉下了眼淚。

李師師
人 物 資 料 卡

　　李師師（生卒年不詳），東京開封府人，北宋末年青樓歌姬，活躍於野史、筆記、小說中。她是文人雅士、公子王孫競相吹捧的對象，最擅長的是「小唱」，所唱多「長短句」，即今之宋詞。在首都各教坊中她獨領風騷，高樹豔幟，時人稱之：「人風流、歌婉轉」。

　　據傳，她曾深受宋徽宗喜愛，得到過宋朝著名詞人周邦彥的垂青，還曾與《水滸傳》中的燕青有染。

　　關於她的出生有兩個流傳較廣的說法。

　　一說，李師師出生於公元1062年左右，是東京城內經營染坊的王寅的女兒。三歲時父親把她寄名佛寺，老僧為她摩頂，她突然大哭。老僧人認為她很像佛門弟子，那時大家都管佛門弟子叫「師」，故稱其為王師師。四歲時，王寅因為朝廷染布延期入獄身亡，師師被攀樓的李婆婆收養，改名為李師師。

　　根據各種資料來看，和李師師有過交往的歷史名人中有北宋著名詞人張先、晏幾道、秦觀、周邦彥，以及宋徽宗趙佶等人，這些人都為其寫過不少詩詞。

　　在羅慷烈先生的《兩小山齋論文集》中有記載：張先曾專為李師師創作新詞牌《師師令》，而張先生於990年卒於1078年，終年89歲，即

使他於85歲高齡時作的《師師令》一詞，那麼李師師最遲於公元1062年出生。

另一種說法則是，李師師出生於公元1090年左右。

宋徽宗趙佶生於1082年，1100年19歲時即位。根據現存資料《李師師外傳》顯示：公元1109年，宋徽宗第一次見到李師師；公元1120年宋徽宗為了來往方便，在張迪的建議下修了條「潛道」直通李家。

結合李師師與宋徽宗的年齡差推算，李師師出生於1090年左右，初次與宋徽宗相見時兩人相差不到十歲，較為合理。且《水滸》中「潛入東京訪師師」應該是宣和二年（公元1120年）的事，以此年李師師27歲推算，她應出生於1093年左右，上下也可相對應。

不僅出生成謎，她的下落也始終是一個謎團。

北宋末年宋徽宗被擄，李師師下落不明。有人說她捐出家產資助宋軍抗金，自己在慈雲觀出家做了道士；有人說她被金軍掠走，蓬頭垢面，不肯盥洗更衣去見金人，乘人不備，吞金簪自殺；也有人說她隨便嫁了個商人為妾，後來在錢塘江淹死了。

不論如何，她都與這個浪漫纏綿的王朝一同浸沒在了歷史的浪潮中。

太委婉的北宋，太耀眼的李師師，她抱著她的琴瑟為這個婉轉浪漫的朝代畫上了一個句號 —— 徽宗踏著這個句號走向了死亡，燕青踏著這個句號走向了江湖，周邦彥則沒有觸到這個句號。

在以後的滾滾歲月裡：沒有趙佶，因為他被擄去了遙遠的金國。

沒有燕青，因為他是一個受不得拘束的浪子。

沒有周邦彥，因為他的最後一聲歎息已在遙遠中散去。

同樣，也沒有李師師。

天生麗質，造化獨鐘，直教人百轉千般歎。

王朝雲
朝雲易逝，暮雨思卿

人美歌甜

蘇軾食譜

唯一傳人

玉骨那愁瘴霧，冰姿自有仙風。

王朝雲

jie ao

朝雲易逝，暮雨思卿

吳心怡——文

初 遇 西 子

宋人懂得享受，宋舞也因此格外婉轉曼麗。

尤其是隊舞，各色裙裾柔柔地搖擺起來，旋轉成一道絢麗的風景，極具觀賞性。蘇軾一生見過許多窈窕的歌舞，在皇宮飽覽過華麗大氣的大晟樂舞，在瓦子見過活潑俏皮的踏歌，有的內斂，有的外放。

但他最懷念的，是熙寧四年西湖邊的一支舞。

那是一個再普通不過的豔陽天，彼時的蘇軾，早已名滿天下，成為文壇領袖，無人不敬仰他的才氣。只可惜仕途不濟，他因為反對王安石變法，被貶到了杭州。友人們怕他心情抑鬱，便在這天約了蘇軾前去西湖飲酒。

雖然他們在席間高談闊論，但西湖美景並不能完全排解詞人的惆悵。蘇軾飲下幾杯，已然有了些醉意，眼前的景象跟著繚亂了起來，濛濛曈曈，看不真切。

就在這濛曈中，新的舞姬們上來跳舞助興。那領舞的女子綺麗非常，伴著清脆的音樂，時而青腰縵回，時而急促胡旋。

她的身姿婉若遊龍，充滿了生命的力量和柔美，那飄飄的衣袂如同被打翻的各色丹青，旋轉成一道絢麗的景緻。蘇軾曾在都城見識過華麗的宮廷舞蹈，但他還未見過這般肆意潑灑的舞姿。

領舞的人彷彿化身成一隻仙鶴，他眼中的世界紛繁盡散，唯有這一隻仙鶴的翩然身姿，深深地印在他的腦海中。

真真驚豔若晴日裡的西湖美景。

這隻仙鶴便是王朝雲。

這驚鴻一瞥，便開啟了此後二十餘年的繾綣情深。

一舞罷了，眾舞女紛紛入座陪侍，朝雲亦不例外。許是命運的安排，蘇軾的侍酒恰好就是朝雲。

此時的朝雲已經卸去歌舞時的濃妝，換上了素淡的服飾，不施粉黛，如一枝出水芙蓉，更顯清新脫俗。

先前是如牡丹般的濃豔，如今又似這青蓮一般素雅，兩相對比，韻味十足。縱是閱人無數的蘇軾，也被朝雲的絕世容顏所傾倒。

一面是國色天香的豔麗，一面是冰清玉潔的仙姿；一面是張揚熱情的歌舞，一面是歲月靜好的恬淡。朝雲在不同風格間毫無違和地切換，著實驚豔了蘇軾。

一顧傾人城，再顧傾人國。

朝雲對蘇軾，何嘗不也是滿懷傾慕之喜？

朝雲的身世淒苦，因家境貧寒，她從小便流落在歌舞班中，不得已做了舞妓。失去家庭庇護，淪落風塵，在本該天真爛漫的年紀，辛苦地做活討生活，是朝雲的大不幸，亦是那個時代女子大不幸的寫照之一。

萬幸的是，上天在這不幸中賜予了朝雲一絲垂憐，賜予了她無雙容顏和聰慧機敏。

不得不說，若沒有這些天賜之物，朝雲恐怕也只是普羅大眾中一位普通女子。

容貌和智慧，歷來是人們渴求之物。這些要素助朝雲從芸芸舞妓中脫穎而出，名動一時。只是，她的心裡還是寂寞的，朝雲渴望知音，渴望家人，渴望

真正的溫暖。

蘇軾，就是這陰雲下照進她心中的一縷陽光。

受人敬仰的文豪蘇軾，他的大名對於朝雲來說，自是如雷貫耳。

想當年蘇軾才十九歲，文壇領袖歐陽修就說他前途無量，文章必將獨步天下。而蘇軾也確如歐陽修所言，文章詩詞無一不佳，每有新作，京城人皆傳頌，早已成為新的文壇領袖。

知道自己將為這位文豪起舞助興，朝雲又驚又喜。蘇軾在宴席間輕鬆寫下詩句，其才華更是深深折服了朝雲。

最出乎她意料的是，本以為蘇軾是個不苟言笑的老古板，誰知東坡居士竟如此風趣，在席間侃侃而談美食美景，溫和可親，完全不似她想像中那樣。

此名此情此景此人，朝雲如何能不心動？

她有些膽怯地抬起頭，便對上了蘇軾的一雙眼。那是怎樣的一雙眼呀，彷彿盛著一汪湖水，竟如此明亮有神。

蘇軾眼中的光，直看到了朝雲心底。

朝雲在風月場中見過太多的人，他們有狡黠的眼神、算計的眼神、嫉妒的眼神、貪婪的眼神，甚至目露凶光的眼神。

經歷得越多，人的眼神也越複雜。但她從沒有看過這樣一雙眼，在經歷了宦海浮沉和身世飄零後，還能這樣的赤誠、明亮。

她彷彿頓悟了一般，明白此人將是她命定的劫數，自此朝雲決定追隨蘇軾，伴他身邊不離不棄。

這一眼使我深深淪陷，我之於你，將義無反顧。

生死相隨

蘇軾為朝雲取了名字，又取了「子霞」的字給她。取名宛如新生，新生的朝雲便開始跟隨蘇軾四處漂泊。說來也是諷刺，蘇軾雖然聲名在外，可是朝雲的日子過得卻並不輕鬆。

大抵才高之人往往仕途不順。蘇軾在朝堂中多次直抒己見，抨擊時政，不被新舊兩黨朝臣所容，常常被貶，人生經歷跌宕起伏，生活自然也十分艱苦。

不過朝雲自小吃過苦頭，倒也能安之若素。這清苦卻安樂的時光如一股細泉，雖然聲勢並不浩大，卻能細水長流，恬淡寧靜，殊不知，一場風暴正在下游等待著朝雲。

蘇軾到湖州做官時，按照慣例要給當時的皇帝宋神宗上表，這本是例行公事，簡單寫幾句漂亮話即可。

但蘇軾文人心境，下筆難免摻雜個人感情，又因他在地方任官，發現新法在推行過程中違背了變法初衷，非但沒有減輕百姓負擔，反使民生日艱，於是寫自己「愚不適時」、「難以追陪新進」。

「新進」是宋神宗啟用的革新派，此番言論明確表明了蘇軾不願與革新派為伍的想法。而當時的改革，是宋神宗一手主持的，最大的革新派就是皇帝本人。蘇軾這樣說，無意中觸了逆鱗。

權力從來不缺乏依附於它的宵小。權力厭惡什麼，宵小們自會搜腸刮肚網羅罪名，甚至編造出莫須有的理由，來討好權力。

蘇軾的悲劇正是來源於此。皇帝本人是銳意進取的革新派，他希望臣子們能全部追隨自己，至少不能表達出對新法的不滿。誰揣摩到了皇帝的心意，誰就能在權力面前分得一杯羹。

很快，蘇軾的罪名便來了。蘇軾四月寫的表文，七月就有御史台官員彈劾他，說其作了大量詩文諷刺改革，阻礙新法，誹謗朝廷。宋神宗怒不可遏，當

即下詔捉拿蘇軾。雖然有人給蘇軾通風報信，但蘇軾還是在七月底被強硬押解回京城。

恐懼像天邊的黑雲壓向蘇軾和朝雲。押解的官員氣勢洶洶，小吏更是面色猙獰，他們彷彿驅趕家畜一樣，夾攜著蘇軾就上了船。

慌亂和不安，充斥著朝雲和蘇軾的心。

朝雲身為一介無權無勢的弱女子，只能眼睜睜地看著蘇軾被帶走。她緊緊拽著蘇軾的手，多麼希望時間就此停留，然而命運還是將兩人無情分離，朝雲只能留一串淚痕在蘇軾的衣袖上。

八月蘇軾便被下獄審判，來自皇帝的怒意格外恐怖，死亡的威脅從未如此清晰地壓迫在蘇軾身上。他惶惶不安，甚至到了一日三驚的地步。

不僅蘇軾驚恐，蘇軾的朋友和家人亦十分惶恐。蘇軾平時常寫詩詞，和朋友們互贈，既然蘇軾被認定是大逆不道之人，那麼收藏他詩詞的朋友和家人，豈不是也有同黨嫌疑？

一時間人們紛紛焚燒蘇軾的詩文，就連蘇軾的第二任妻子王閏之也焚毀了家中的詩稿。才華和詩情，在強權之下毫無尊嚴，只能化為灰燼隨風而逝。

詩文尚且如此，人何以堪？

重壓之下，蘇軾的家僕妾室開始紛紛離去，各謀出路。

王閏之夜間巡查宅院，只見大半個宅院都空空蕩蕩，頗有一種人去樓空的淒涼感，只有一間偏房還亮著燈。王閏之推門而入，只見朝雲坐在裡面，還在練習蘇軾教給她的字。

那時的妾室對主家是不必負責任的，相反，主家有義務安置好妾室的去路。比如白居易有一寵愛的歌姬樊素，他年老後，還賣掉了自己的良馬安排樊素嫁人。

「年輕的侍女們都出去自謀生路了，只有年老力衰的留在家裡。子霞尚且年輕，何苦為難自己？」王閏之是個寬厚婦人，平日對朝雲很好，見朝雲還篤定地留在這裡，不免有些訝異，也不忍心她留在這裡繼續受累。

朝雲笑笑，坦然道：「朝雲自小便追隨學士，夫人平日待我又極好，我不敢忘恩，也不想辜負了這份情義。」

「學士生死未卜，蘇家不得不做最壞的打算，若真到了那一步，我一定安排妳嫁個好人家。」王閏之道。

朝雲眼眶一紅，像是被什麼東西緩慢而痛苦地刺中了心房，她淡淡道：「曾經滄海難為水，除卻巫山不是雲。以前不懂得這兩句，想著人生在世必然諸多不稱意，若能有不錯的去處自然便應該暢快，何來的抑鬱不安？現在才明白，見識過高山，便不會留戀丘陵；遊覽過大江，便不會醉心溝渠。若能追隨學士和夫人至死，我情義已盡，也能無憾人生了。」

王閏之亦紅了眼眶，握住朝雲的手：「患難與共，朝雲情義可歌可歎。」兩人不由得相對拂淚。

就這樣，在那個變化無常的秋冬，朝雲在蘇宅默默等待，蘇軾在獄中煎熬度日。好在事有轉機，皇帝最終釋放了蘇軾。

蘇軾頂著漫天的寒雪回到家中，此時距離他被捕已經過去了近半年的時間。

宅門前的落雪鋪了厚厚的一層，和枯黃的葉子一起，沉沉壓在蘇軾心頭。曾經歡聲笑語的小院，如今看起來冷清不已，竟讓蘇軾產生了一絲害怕，害怕門後空無一人。

「吱嘎」一聲顫悠悠的響動，門扉開了一條縫，朝雲秀氣的臉探了出來。

「是學士！學士回來了！」朝雲簡直不敢相信自己的眼睛，蘇軾也不敢相信自己的眼睛，他從未想過，一個侍妾，竟會如此情深義重，不離不棄。兩人的眼淚彷彿不受控制，早已劃過面龐。

經過這次生死考驗，蘇軾對朝雲刮目相看，更添了幾分敬重、感激，朝雲亦對蘇軾更添了執著之情。

然而命途多舛，不僅王閏之先於蘇軾和朝雲逝世，蘇軾更在花甲之年再次被貶，這次更是被貶到了偏僻的惠州。烏台詩案後聚集的侍妾們再次作鳥獸

散，徒留朝雲一人，陪蘇軾翻山越嶺。

忠貞相隨，風雨無悔，是我對你唯一的承諾。

紅顏知己

蘇軾的生命中有過三位重要的女子，前兩位分別是他的妻子王弗和王閏之。

結髮妻子王弗知書達理，在人際關係和處理公事上給了蘇軾很大幫助；第二任妻子王閏之，在生活上給了蘇軾無微不至的照顧。

人生不如意十之八九，更難有十全十美之事。事業、生活、精神世界難免會缺失一二，多數人甚至無一項可取之處。

然而東坡居士何其幸運，他的妻子們為他的事業和生活提供了無私的幫助，他還得到了幸運女神的又一次垂青 —— 幸遇了紅顏知己朝雲。

憑著志趣相投，朝雲深深地走進了他的精神世界。

善於苦中作樂，大概是二人情感變得更加密切的因緣。

官員外放意味著俸祿和待遇全部直線下降。在黃州謫居時，蘇家的生計一度艱難，蘇軾不得不帶著全家去開墾荒地，種田維持生計。

但東坡居士是相當可愛的，他並非一般自怨自艾之人，更不是放浪形骸、作踐身子的浪客。

他懂得享受，也懂苦中作樂，更嚮往各地的美食和風光。朝雲自不必說，她從小便寄人籬下，更懂得自得其樂。二人的性子都豁達樂觀，互相感染。對生活的熱愛，支撐著二人走過淒風苦雨，也讓他們越走越近。

沒有錢財，就自己開荒種地；沒有玉盤珍饈，就自己取材製作。總之，真正熱愛生活的人，不會虧待自己。

黃州地界盛產生豬，當地肥豬肉十分便宜，蘇軾便帶著朝雲試著以大家棄而不用的肥豬肉製作美食。

一層肥一層瘦的豬肉，洗淨去血，開小火熬煮，撇去浮沫，冰水鎮泡。再

取薑片和大蔥，在鍋底滿滿鋪上一層，將豬肉仔細排好，倒入黃酒和冰糖，大火燒開，再文火慢烘，直到湯汁收完再開鍋。

一開鍋，一股子熱騰騰的蒸汽便撲了出來，更夾著滿鼻的肉香。肥肉晶瑩似蒸得發亮的白米飯，瘦肉透亮似上好的珊瑚，又似熬煮上好的糖。咬一口，肥而不膩，再一口，已然融化於唇齒間，最後一口下肚，便全然忘了煩惱事。

精神富足的人，會懂得用生活中的美好瑣事來熨帖自己。他們的這道燉肉，就是黃州清苦生活的熨帖，是勞苦多日後難得的享受。

這肉後來還有了名姓，成了名菜，是為「東坡肉」。

朝雲和蘇軾，不僅在「吃」上意氣相投，更在精神上共鳴。正是精神相通，才使蘇軾長久地懷念她，哀悼她。

朝雲最初跟隨蘇軾時，年歲尚小，也不識字。

蘇軾待她如長兄慈父，悉心教導她讀書識字、詩詞歌賦。朝雲年歲日長，對藝術世界的理解也越來越精進，二人在精神上的共鳴越來越強，往往通過一首詞、一首曲，便知道彼此心意，可謂相依相守，琴瑟和鳴。

蘇軾曾寫有一首《蝶戀花》：

花褪殘紅青杏小。燕子飛時，綠水人家繞。枝上柳綿吹又少，天涯何處無芳草。

牆裡鞦韆牆外道。牆外行人，牆裡佳人笑。笑漸不聞聲漸悄，多情卻被無情惱。

此曲婉轉動人，朝雲經常唱這曲給蘇軾解悶，可是每次唱完「枝上柳綿吹又少」，就已經泣不成聲。

蘇軾不由得打趣朝雲：「我正悲秋，妳又傷春！」

其實朝雲所傷的豈是晚春，而是那一句「天涯何處無芳草」，讓朝雲不由得悲從心來。蘇軾一生幾乎都在被貶，起復的時光十分短暫，他就如同天涯的雜

草，被風吹散的蓬蒿，無根無依。朝雲亦從小淪落紅塵，可謂同病相憐。

殘酷的命運伴隨蘇軾的抑鬱和堅強，讓朝雲感同身受，為他不平，為他心痛，自不免為他落淚。

只有愛到了深處，才能感他人之感，哀他人之哀，而蘇軾亦知朝雲是疼惜他自己，因而打趣朝雲，勸其寬心。二人同心同德，亦有何求哉！

蘇軾曾摸著肚皮問眾妻妾侍女，自己肚子裡是什麼？有人說是文章，有人說是智慧，朝雲卻笑道：「學士一肚子不合時宜。」

蘇軾聞言大笑：「知我者，唯朝雲也。」

只有契闊情深的伴侶，才能知曉對方的經歷和志趣。

蘇軾半生顛沛，看淡了宦海浮沉、人生百態，也早不是曾經名動京師的少年天才。恃才傲物的自驕、建功立業的渴望，於蘇軾來說，都如同天邊浮雲，刻骨銘心的，唯有自己不變的真心。而這顆敢於仗義執言的真心，自然被政局所排擠，當真是一肚子「不合時宜」。

朝雲所言「不合時宜」，其實是肯定了蘇軾的赤誠，亦是對蘇軾的讚賞：只有這樣的東坡居士，才值得我王朝雲追隨左右。他不會膽怯懦弱，不會曲意逢迎，他只有一顆敢直言和為百姓做事的真心。

縱使夫君有千般「不合時宜」，我甘之如飴，求仁得仁。

天倫喜悲

與蘇軾相伴十年後，命運賜予了朝雲一份禮物 —— 她懷上了蘇軾的骨肉。

朝雲自小離開家人討生活，無比渴望擁有一個溫暖完整的家庭，這個孩子是何其珍貴的恩賜。蘇軾老來得子，亦是十分珍視。

在父母的無限柔情中，這個帶著長輩祝福的孩子誕生了。朝雲貼著嬰兒溫軟濕熱的臉頰，濕乎乎，肉乎乎，一股子熱氣，她的眼淚不由自主流了下來。

這個孩子是她生命的延續，是她和蘇軾愛情的結晶。

「學士可曾想好給孩子起何名字？」朝雲柔聲問蘇軾，末了又垂著頭，再次把臉貼在孩子臉上，自言自語般，「不求他大富大貴，不求他聰明伶俐，只求他無災無病，健康終老。」

為人父母，難免希望孩子成為人中龍鳳。朝雲此番言論，或許是想起了蘇軾曾經的名動一時？只是當年如何的名滿京華，今日也不免落魄潦倒，反而不如做個普普通通的平常人。

蘇軾對朝雲的心思了然於胸，他自己又何嘗沒有此番感慨？

他輕輕攬過朝雲的肩膀，唸道：「唯願孩兒愚且魯，無災無難到公卿。」便給孩子取名「蘇遁」，小名「乾兒」，希望他能遠離政治漩渦。

乾兒出生後，受到了蘇軾和朝雲無微不至的照顧。蘇軾本人也親自參與到育兒中去，一家人其樂融融，好不自在。

朝雲的心中充滿對新生活的期待，分娩孩子時她如走了一遭鬼門關，但當孩子出生後，她又真切感受到新生命帶來的喜悅。孩子一點一滴的變化，都會讓她驚喜不已，她無法形容那感覺，只覺得有了孩子在身邊，便沒來由地覺得柔和。

轉眼到了第二年，蘇軾又接到新的調令，一家人急匆匆地上路了。四月中旬啟程，一路顛簸，可憐小乾兒還不滿一歲，也跟著一路受累。

七月酷暑難當，蘇軾和朝雲行至金陵江畔，停船修整。江上又熱又濕，加上之前旅途勞累，可憐的乾兒竟中暑了，急得朝雲和蘇軾趕緊請郎中醫治。

或許命運就是喜歡奪走人身邊最後的美好，乾兒最終還是沒能治好，竟然就此夭折了！

朝雲的眼淚要流乾了，她抱著小小的乾兒，不敢相信。昨天還活蹦亂跳的小人，今天就再也不會笑、不會哭、不會鬧了。

朝雲記得小乾兒的一切。他出生時皮膚白裡透著粉，胖乎乎的小胳膊小腿，像一節節的藕一樣；臉頰特別溫軟，濕乎乎的，貼上去一股熱氣，哭聲特

別大，彷彿要把方才分娩遭受的委屈都哭出來。

滿月後，他會笑了，笑的時候特別好看，兩隻眼睛又黑又明亮，笑起來彎彎的。

過了百日後，他開始認人了，最先認的就是朝雲，只要看到朝雲，他就興奮得手舞足蹈，肚子使勁拱起來，就想讓朝雲抱他……

一切的一切，朝雲都記得，只是，記得有什麼用？她最最心愛的乾兒，再也不會衝她笑了。

縱使時間消逝，也無法化解朝雲的悲痛。

她漿洗過的乾兒舊衣還懸掛在衣架上，已經被陽光曬過，可以穿上身，只是那個等待穿衣的乾兒再也不會回來了。睹物思人，朝雲肝腸寸斷，幾乎無法行路。

蘇軾亦悲痛不已，為了照顧朝雲，他特意上表皇帝，請求在太湖周圍居住。朝雲喜歡湖光山色，他希望太湖的風情美景，能慢慢撫慰朝雲受傷的心靈。

兩人互相安慰、扶持，度過了最為悲痛的幾年。她知曉蘇軾擔心自己，便將哀傷慢慢收進心裡，決定將小我奉獻給大我，幫助丈夫造福百姓。

後來蘇軾再次調到杭州。杭州是二人最初相遇的地方，此次故地重遊，朝雲十分感慨。

朝雲對蘇軾道：「人死不能復生，乾兒夭亡，實屬不幸。然天下不幸者何其多也，黎民百姓尤其如此。朝雲近來思量，但凡是能減輕他們一分負擔，便也是功德無量了，就像這西湖，年年淤塞，若能清掉淤泥，對周邊百姓豈不是天大的好事？」

蘇軾欣然贊同，二人商議起如何治理西湖水患。

他們先是清除了湖底叢生的水草野草，再挖掘出淤泥，建造了西湖堤壩，最後種上菱角、荷花，防止雜草再生。如此修整一番，西湖景色愈發美豔，湖水也不再淤塞。杭州自此沒了水患的威脅，可謂大功德一件。

堤岸上楊柳依依，綠影婆娑，往來行人絡繹不絕，既有拖家帶口來西湖遊

玩之人，又有靠著西湖討生活的貧苦百姓。一派熱鬧的人間煙火，盡是融融天倫之樂。

朝雲看在眼裡，喜在心裡。

人們的喜悅彷彿成了她的喜悅，她自己彷彿也融入了人群中，那煙火氣和歡笑聲沖淡了乾兒離去的悲痛。朝雲感到自己輕飄飄、無依靠的身子，被那笑聲捉住了，牢牢地矗立在了大地上。她感覺自己活了過來，再也不是那心如槁木的行屍，而是充盈著喜悅的活生生的人兒。

我會遍觀這人間煙火，帶著對你的思念，珍重，珍重。

如夢如幻

或許老天爺見不得蘇軾和朝雲過得舒坦，杭州愜意的日子才過了兩三年，蘇軾又被貶了。穎州、揚州、定州，匆匆上任又匆匆去往下一個地方，命運的指針輕輕一轉，最後指向了惠州。

惠州地處嶺南，條件惡劣，氣候濕熱，瘴氣逼人。朝雲沒多久便水土不服，更染上了時疫，終日臥病在床。

這可急壞了蘇軾，他四處問醫尋藥，拜佛念經，祈求朝雲能早日康復。咕嚕嚕的煎藥聲，朗誦的佛經聲，充斥著小小的宅院。

朝雲倒是十分淡然，許是看遍了人間冷暖，又歷經喪子之痛，朝雲的心中已然再難掀起波瀾。

蘇軾晚年熱衷佛學，受他影響，朝雲也粗通佛理，以前就學過《金剛經》。養病的這段時間，她閒來無事，越發沉迷於佛學，儼然把佛學當作了心靈的棲息地。

朝雲癡迷到一定程度後，還掙扎著病體，拜惠州當地的名僧為師繼續學習。蘇軾見她如此執著，不忍拒絕，只得陪她一同前去。

「路途遙遠，子霞何苦執意前往？」

朝雲笑了笑：「我近來多讀佛理，才漸漸通透些，方知這世上之事，若是想做便需儘快去做，惜取眼前事，惜取眼前人，莫使餘生後悔。」

名僧的住處幽深靜謐，二人撐船，緩緩劃過湖面，上了湖心島，又互相攙扶著走向島心。

峰迴路轉，眼前突然一闊，一片綠碧映入眼前 —— 這湖心島的中心還有幾處泉眼，匯成了一片小池塘，真可謂別有洞天。朝雲不覺愛上了這裡的景色，每隔數月便來參禪悟道。

轉眼到了朝雲三十四歲那年。這年天氣怪得很，惠州本來濕熱，臘月卻下起了大雪，池塘邊壓著厚厚的雪，放眼望去，天地一片雪亮。蘇軾來接朝雲時，笑問禪師授了什麼課，朝雲卻只是笑笑，並不言語。

回家後，也許是路上受了寒，朝雲的身子更加孱弱，已經只能臥床難以行走了。蘇軾急得連忙煎藥尋醫，忙碌多日後，他被朝雲喚到床邊。

「我自己的身子自己清楚，學士不用太過操勞。我這一生雖然清苦，但也十分自洽，唯一放不下的，就只有學士了啊。」

蘇軾緊緊握著朝雲的手，早已泣不成聲。朝雲復拍了拍蘇軾的手背，輕輕笑道：「學士不是曾問最後一課是什麼嗎？」

「一切有為法，如夢幻泡影；如露亦如電，應作如是觀。」她緊緊握了一下蘇軾的手，然後緩緩地放開了。

朝雲去了。

她最後的心願只是讓蘇軾別太掛念她，直至生命的最後一刻，她還在為她的學士擔憂不已。

至此，蘇軾的三位人生伴侶全部離世。而朝雲在蘇軾花甲之年去世，更給了蘇軾深深的打擊，令他悲痛欲絕，更深感命運無常、力不從心。

他將朝雲葬在棲禪寺旁，為她修了墳墓，親自撰寫墓誌銘；他為朝雲寫了數首悼亡詩，數量是三位伴侶中最多的；他為朝雲修了六如亭，並親手寫了楹

聯，更用自己的餘生來哀悼朝雲。

朝雲是不幸的，她出生於那個時代，歷經饑餓、貧寒、辛勞、喪子之痛，自己也在韶華正好的年紀便匆匆離世；朝雲又是幸運的，她遇到一生摯愛，對方亦視她為紅顏知己，珍重待之，二人不離不棄。

在那個大多數女子都難以留名的時代，她的摯愛蘇軾為她取名，為她取字，為她立傳，為她作銘。

她雖然早早離去，蘇軾卻讓她永遠活在了詩文中，活在了歷史中，讓無數後人弔唁她、讚賞她。

朝雲與蘇軾，互相成就彼此，恰如明月星辰，交相輝映。

如今棲禪寺依舊矗立，埋葬朝雲的松林已亭亭如蓋，蘇軾寫的楹聯亦千年留存：

　　不合時宜，惟有朝雲能識我；
　　獨彈古調，每逢暮雨倍思卿。

王朝雲

人物資料卡

　　王朝雲（1062年－1096年），字子霞，北宋時期吳郡錢塘人。她是著名文學家蘇軾的侍妾，也是他的紅顏知己。

　　朝雲家境貧寒，早年淪落風塵，為江南名妓，後被蘇軾納入府中。王朝雲聰慧善良，又善解人意，深受蘇軾喜愛。她的名字在蘇軾的作品中幾度出現，蘇軾被貶惠州後，更是寫下《朝雲詩》，以示對她的讚美。但即便如此，王朝雲也從無恃寵而驕之意，她與蘇軾的正室王夫人一起，跟著蘇軾幾番顛沛流離，始終隨遇而安，並無微不至地照料家人。

　　身為一名孤苦無依的風塵女子，能遇到蘇軾，王朝雲無疑是幸運的，但她的人生也並不平順。她與蘇軾育有一子，名遁，但在半歲時便不幸夭折。喪子後，她悲傷不已，一心學佛，後身染時疫病逝，年僅34歲，臨終時，仍在口誦佛經。

INFORMATION

夢後樓臺高鎖，酒醒簾幕低垂。去年春恨卻來時，落花人獨立，微雨燕雙飛。

記得小蘋初見，兩重心字羅衣。琵琶弦上說相思，當時明月在，曾照彩雲歸。

——北宋·晏幾道《臨江仙》

风俗記

FENGSUJI

衣香鬓影，坐觀浮世

在家太無聊，不如出去轉轉。雖說宋朝崇尚簡約美，但穿哪件褙子，戴哪頂花冠，也著實是個需要好好考慮的問題。裝扮完畢，出發去哪兒？當然是今夏最熱鬧的金明池！

穿搭

大宋女孩穿搭指南

南方赤火〉文

絢麗多彩的大唐如煙花般消散,「雲想衣裳花想容」的時代一去不返;降及宋朝,長短句裡的風情美人,往往給人婉約、清新、纖弱的印象。

「紅藕香殘玉簟秋,輕解羅裳,獨上蘭舟。」

「露濃花瘦,薄汗輕衣透。見客入來,襪剗金釵溜。」

「乍試夾衫金縷縫,山枕斜欹,枕損釵頭鳳。」

在李清照的小令裡,姑娘的衣衫輕薄素淡,彷彿江南碧水裡的一捧荷花。

但如果就此認為,宋代的小姐姐們穿衣保守拘謹,那可是大大的誤解。

理學與樸素掩蓋不了對美的追求。兩宋小資們的穿衣風格,也是很有心機的!

基本款：褙子＋抹胸＋裙／褲 —— **顯瘦！**

　　從繁華張揚到簡約內斂，宋代女裝拋卻大袖飄飄的形象，轉而流行窄袖衣衫。袖口、腰身均窄而貼身，勾勒出素雅自然的曲線。同時，高高的髮髻和垂順的裙子拉長了身體曲線，顯得人格外苗條。

　　是的，兩宋女裝最明顯的風格就是纖細。這裡的纖細可不是餓出來的竹竿瘦，而是通過衣料和版型塑造出的修長身段，顯得人瘦而不弱、巧而不妖。

　　正如張先《菩薩蠻》中描繪：「篦紋衫色嬌黃淺，釵頭秋葉玲瓏翦。輕怯瘦腰身，紗窗病起人。」

　　要問最能體現宋代特色的衣衫是什麼，那非褙子莫屬！

　　褙子其實就是一種對襟外套，衣長有長有短，有長袖有短袖，領口和前襟有花邊。特點是窄袖、窄胯，兩邊開衩一直到腋下。衣襟部分一般敞開，露出貼身的抹胸。

　　宋代的抹胸沿襲唐代，可一點也不保守，宋畫裡甚至經常有半露酥胸的民間婦女。宋大足石刻中的養雞女就穿著低胸襦裙；劉松年《茗園賭市圖》中的村婦，也是穿著低低的抹胸，下身著褲，周圍人的神態均質樸而自然，並沒有風流獵奇的意味。

《清明上河圖》裡的女性人物，也大多穿著對襟修身的褙子，下身著褲，已成日常。

說到褲子，婦女著褲也是宋代的一大特色。由於高足家具的發展，人們由過去的席地而坐演變成垂足而坐，生活節奏加快，褲子無疑是更方便的選項。

民間婦女可能會單穿一條無襠褲，而講究些的姑娘會在褲外繫一條裙子。裙子多褶襉，有六幅、十二幅，最多達三十幅。裙幅越多，縐褶越細，愈輕柔飄逸。或有前後開胯的，稱為旋裙，但不拖地，清爽利落。裙面或飾素雅暗紋，或銷金刺繡，或綴珠染纈，低調中彰顯品位。

所以試想一下，兩宋時期的美女姐姐，穿著輕薄如煙霧的紗羅衫子，露出精緻的抹胸；外面披一件窄窄的褙子，織物輕柔半透，露出姣好的身段；加上瘦長伶俐的百褶裙，美而清涼，行走之際搖曳生姿，微風吹過，玲瓏婉約，人人都是一幅行走的仕女圖。

無怪文人們爭相吟詠「羅衣乍怯香風薄」、「輕衫罩體香羅碧」，對這些素淨纖細的美人念念不忘。

流行色：淡雅柔和也能很高級

宋代女性衣不重彩，但織染技術的發達，給姑娘們提供了不少全新的配色靈感。雖然有嚴苛的等級規定，比如平民不能穿五色花衣，但實際上也沒什麼人遵守。況且大紅大紫的衣服也不是宋朝小姐姐們的菜，她們的選擇多著呢。

宋代的服裝，審美上一反唐代的濃豔鮮麗，而多用淺淡的間色，如鵝黃、淡青、銀灰、蔥白、沉香、粉紫等較柔和的色彩。類比今天的「莫蘭迪色系」，雖然明度不高，卻更為和諧典雅、溫柔大方，很襯亞洲人膚色。現代女生也可以參考哦！

《宋史》記載，南唐後主李煜的妃子有一次給絲帛染色，把沒有染好的布料放在露天過夜，絲帛沾上露水，第二天竟染出了很特別的綠色。後來民間紛紛效仿，將這種顏色稱為「天水碧」。五代詞人歐陽炯在《浣溪沙》中描述：「天碧羅衣拂地垂，美人初著更相宜，宛風如舞透香肌。」再比如張先的「天碧染衣巾，血色輕羅碎摺裙」，生動地勾勒出這種淡雅碧色的風情。

五代後的兩宋，延續了這種對青碧之色的喜愛。宋代的民間姑娘喜愛著各種青色服裝，白衣青裙的村女頻頻出現在詩詞吟詠之中。譬如著名的愛國詩人陸游，就特別喜歡記錄那些勤勞樸素的民間姑娘，認為她們有獨到之美：

「青裙竹笥何所嗟，插髻燁燁牽牛花。」（《浣花女》）

「白襦女兒繫青裙，東家西家世通婚。」（《村女》）

特別是南宋時期，江南水鄉的風情塑造了婉約淡雅的穿衣風格，綠色系的衣衫成為時尚主流。「嫩麴羅裙勝碧草，鴛鴦繡字春衫好」（晏幾道《蝶戀花》）、「墨綠衫兒窄窄裁」（黃機《浣溪沙》），描繪的都是可以直接入畫的水鄉女子。

宋錦：低調的奢華

宋代是藝術造詣登峰造極的時代。連當朝皇帝宋徽宗都帶頭做文藝青年，文人墨客更是爭相追求高雅之美，不修煉成琴棋書畫的全面型選手都不好意思出門。

就連普通百姓也日日沉浸在美的薰陶中。工匠們燒出了前無古人的「汝

瓷」，形狀和顏色都精巧典雅，審美極其優秀。紡織業也不甘落後。北宋初年，官府便在東京開設「綾錦院」，集織機四百餘架，從四川遷來熟練的蜀錦工匠，日夜開工研發新紋樣、新風格。南宋遷都臨安後，在蘇州、杭州、江寧設立織造署，將江南絲織業帶入全盛時期。

宋朝皇后褘衣

五彩翟鳥紋

「宋錦」應運而生。它的色彩豔而不火，紋樣繁而不亂，由比較規則的唐代圖案改成了更加活潑的花樣。除了傳統的祥雲、龜背、牡丹、獸鳥之外，更有梅蘭竹菊、折枝花鳥等隱逸文人題材，給人以古樸秀雅、流暢飄逸之感。

由於它的珍貴和稀缺，宋錦通常不會用來當作大片衣料。小姐姐們用這種頂尖的啞光絲織品作為細節上的點綴，嵌在衣緣、衣帶、雲肩之上，亦作為裝裱和囊匣，贈予閨蜜或心上人，華而不炫、貴而不顯，自用、送禮皆是佳品。

只有一個女人，是土豪到可以全身衣錦的，即大宋的皇后。

在流傳至今的宋代皇后畫像中，皇后本人並沒有像古裝劇裡一樣，穿著富貴的明黃衣裙，而是披著一件看似很低調的深色翟衣。這件衣裳很有講究。它通體全絲，在藏青地上織出金、紅、黃、藍、白五彩翟鳥紋的宋錦，再手工裁成大袖衣 —— 褘衣的樣式。

褘衣是周禮記載的命婦六服之一，后妃、祭服、朝服「三翟」中最隆重的一種。《宋史·輿服志》記載，穿著褘衣的皇后，頭上佩戴華美的九龍四鳳冠，內穿青紗中單，腰飾深青蔽膝，另掛白玉雙佩及玉綬環等飾物。和小家碧玉的宋女日常裝束比起來，這套衣冠可謂雍容大方，又絲毫不張揚，穿出了整個大宋的精神氣度。

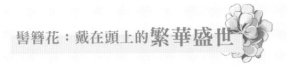

髻簪花：戴在頭上的繁華盛世

既然衣服簡約素淡，那就在頭上做文章吧！高高的髮髻有助於拉長視覺效果，塑造高挑苗條的身材，因此深受北宋女子的喜愛。

宋代的高髻不如唐朝那樣華麗盛大，但是修長俐落，總體上更為清雅自然。

比如「朝天髻」，顧名思義梳得很高，需用假髮摻雜在真髮內。所以當時還有專門賣假髮的店鋪，或是專門用假髮編織能直接戴在頭上的特髻冠子，讓「禿頭少女」也有春天。

比如髮髻根繫紮絲帶，垂下如流蘇的「流蘇髻」，還有「墮馬髻」、「懶梳髻」等，起源於教坊女子，繼而流行全國；比如「包髻」，是用彩色的絹、繒之類，將髮髻包裹起來；比如蘇軾提到的「紺縮雙蟠髻」，紮起來猶如龍蟠鳳翥一般，加上花鈿、珠蕊，自有一番豪逸之態。

但是，人人梳髮髻，怎麼能展現自己的個性呢？

為了能讓高髻錦上添花，她們開始在簪釵上下功夫。髮髻的上下左右插上鳥形、花形、鳳形、蝶形的金釵，或是玉、珠、翠、簪子、篦等飾品，讓自己的臻首千姿百媚。

此外，冠上插梳也是一種流行的裝飾。冠用漆紗、金銀和珠玉等製成。貴族女子的冠材料更加奢靡，用魚枕、象牙、玳瑁製成，且演變得十分寬大，有白角冠、珠冠、團冠、花冠、垂肩等；裝飾有金銀珠翠、彩色花飾，經常還插上多把梳子。有時候左右插的梳子過多過寬，在上轎或進門的時候只能側著頭進……

「香噴瑞獸金三尺，人插雲梳玉一彎。」辛棄疾的這句詞雖然有所誇張，但也是參照了當時婦女的流行裝扮而作。

就這麼頂著一頭的重量進出，兩宋的姑娘也是夠拚的。

或許是插簪、插梳太考驗脖頸力量，宋代小姐姐們開始尋求更輕便的頭上裝飾：她們在冠上插花。

下至鄉野村女，上至我們的小資時尚icon ── 著名才女李清照，都對簪花之事十分熱衷。

賣花擔上，買得一枝春欲放。淚染輕勻，猶帶彤霞曉露痕。
怕郎猜道，奴面不如花面好。雲鬢斜簪，徒要教郎比並看。
（李清照《減字木蘭花》）

春夏之際可以簪時令鮮花，而在其他季節，小姐姐們也有假花應景。當時流行一種絹花做的花冠，將桃、杏、荷、梅等四時花卉一併裝飾在冠上，謂之一年景。

在仁宗皇后的畫像中，兩側侍立的宮女，襆頭之上就高聳「一年景」花冠，隆重而絢爛。

有趣的是，宋代男子也不介意在自己的腦袋上戴滿鮮花，個個都是「花美男」。上至朝廷官家，每逢年節，「皇帝賜花百官」，百官戴花上朝，引得蜂蝶飛舞，是為大宋獨特景觀；下至市井百姓，節慶之日男女老幼齊簪花。《武林舊事》就記載：「萬樹簪花滿柳街，聖人先自景靈回，不知後面花多少，但見紅雲朵朵開。」

豪放詞人諸如蘇軾，一把年紀了也不忘在白頭髮裡插朵花，還自我吐槽不知羞，但花還是要戴的。

「人老簪花不自羞，花應羞上老人頭。」

辛棄疾就比較悲催，六十多歲了，「拄杖過西鄉」的時候，少年意氣風發，跟風摘了一朵牡丹花。可惜頭髮稀疏插不住，花老掉，轉而甩鍋帽檐太長。

「白頭陪奉少年場。一枝簪不住，推道帽檐長。」（辛棄疾《臨江仙·簪花屢墮，戲作》）

不過司馬光就是個不太喜歡戴花的鋼鐵直男。中進士後的喜宴上他被皇帝賜花，不能推辭，只好戴著花招搖過市，回家還專門寫文吐槽，覺得簪花的習俗「殊失丈夫之容體」，太娘了。

成書於明朝的《水滸傳》，也逼真地描繪了宋代男子簪花的盛行。西門慶出場就戴一朵標誌性大紅花，浪子燕青更是「鬢畔常簪四季花」，水霸阮小五專喜歡戴石榴花，就連專管砍頭的劊子手蔡慶，因為喜戴花，也有個綽號「一枝花」……

所以，想像一下宋代的梁山好漢聚會：一個個精壯漢子坦胸露體，頭戴鮮花秀肌肉，女土匪們更是「山花插滿頭」，大碗喝酒大塊吃肉，那畫面太美不敢看……

女為悅己者容？錯，小姐姐化妝為自己！

北宋陶穀《清異錄》中記載了一個名叫瑩姐的青樓女子。她酷愛畫眉，據說可以每天換一種眉形，一百天不重樣，被人戲稱為「眉癖」。甚至有人建議她出書，寫一本《眉史》，供後人瞻仰參閱。

瑩姐靠眉毛成為名人，以致於後人發出感慨，宋代美妝界都鬥成什麼樣了。

不過我認為，瑩姐挖空心思畫眉，並不完全是為了吸引男人，很大程度上也是出自社會風氣和個人愛好。大多數宋代小姐姐對各種爭奇鬥豔的眉妝，並沒有瑩姐那樣誇張深沉的愛好。她們的妝容襯托衣飾，以淺淡輕纖為多，譬如蛾眉、柳眉、遠山眉、橫雲眉等。畫眉多用香墨，會用類似眉刷一樣的「畫眉

篦」，可見當時借助工具進行畫眉已經很普遍，手殘星人也能「淺淺畫雙眉。取次梳妝也便宜」。

眉毛以下，宋代姑娘們的妝容普遍偏向素雅，走的是高級知性風，稱為「薄妝」。

唐代那種洗臉洗出一盆紅泥水的時代已經過去。宋代流行的妝容是「檀暈妝」，先以鉛粉打底，然後施以檀粉，逐漸向四周暈染。在面透微紅的同時，顯出柔和粉嫩的光潤。

蘇軾有詩云：「蛟綃剪碎玉簪輕，檀暈妝成雪月明」，就是將雪夜的梅花比作施以檀暈妝的美女，清秀淡雅，引人綺思。

此外，宋代還流行「三白妝」—— 在額頭、鼻樑、下巴三處著重塗白，原理和現代的高光一樣，突出面部的立體感。

在宋代已經有人發現，傳統的鉛粉會使皮膚發青發黃，並非理想的美妝產品；細白的米粉容易腐壞，對質量要求很高。於是有人研發出了黑科技粉底：用石膏、滑石、蠟脂、蚌粉和益母草等調配而成，再加上胭脂，稱為「玉女桃花粉」。《事林廣記》說它「久能去風刺、滑肌肉、消瘢黯、駐姿容，甚妙」，可謂美妝界最早的植入式廣告。

　　當時化妝的工具也頗有進步，出現了「粉中絮」，相當於現在的粉撲。南宋黃昇墓中出土了絲綿製作的粉撲實物，十分精巧，同時還出土了一些塊狀雕花的粉餅，雖然已經失色，但依然能看出不遜於現代名牌彩妝的精緻設計。

　　但不要誤以為宋代美女們都一股腦地追求美白。大約是從塗金的佛像中受到啟發，宮中曾流行在額部塗抹黃色的顏料，稱為「額黃」。蘇軾《好事近》中的「臨鏡纖手上鴉黃」，指的就是女子塗完眉間的額黃，在手上留下淡淡的色彩。

　　古代女性很早就開始在面上貼花上妝，稱為花鈿。傳統的花鈿通常是剪成花卉形狀的彩紙。而宋代的小資美女們別出心裁，「萬物皆可花鈿」，往臉上貼的點綴可謂無奇不有：比如雲母片、蜻蜓翅膀、魚鱗、魚鰓（這種妝容叫做「魚媚子」）……當然也有人看不下去，把這種滿臉貼花的妝容稱為「碎妝」。

　　至於最富貴的那批人，更是把花鈿的炫富功能發揮到了極致：服飾頭飾不能太張揚，咱就往臉上貼珍珠！

　　在宋代皇后畫像上，可以看到很多人用珍珠點綴嘴角面靨，或是貼在額中、眉梢、耳畔，或是用一整排珍珠串成耳墜，叫「珠翠排環」——還別說，臉蛋兩側的豎排珍珠，不僅顯得容光煥發，還有瘦臉的功效呢。

　　不過此法過於燒錢，平民無法效仿。生活在現代的我們，也只能從畫像中暢想一下宋代的「珍珠妝」了。

水戲 VIP 套票限時抽獎 **5折**

水戲

大宋春末夏初
金明池出遊
最全攻略

饕食七／文

初夏已至，最爽的事情莫過於來一份夏日三件套：冷氣、wifi和西瓜。但是在沒有冷氣也沒有wifi的古代，該如何打發這漫長的炎熱時光？近期有很多粉絲私訊本旅遊部落客，想要一份宋朝的消暑旅行指南。

本人掐指一算，也好久沒做活動了，那麼除了這篇熬夜整理出的開封出遊好去處的詳細攻略外，我們還將開啟半價VIP套票的限時抽獎活動哦，轉發並集讚最多的前十名寶寶可以獲得抽獎機會，套票只有5張，走過路過千萬別錯過哦。

別眨眼，往下看，關於宋代開封金明池的攻略，正式開始咯！

你是不是以為，古人的初夏，都是袒胸露肚大蒲扇，芭蕉樹下小竹蓆？我們大宋可是文人雅士輩出的時代，怎麼可能只有這麼粗魯的納涼方法，宋代貴族的消暑花樣，你想都想不到！今天，就帶大夥一起去金明池看「水戲」。

1 攻略地點：話說金明池

GONGLUE

在說明什麼是水戲之前，得先好好介紹一下看水戲的地方——金明池。這可不是隨便什麼人都能去的地方，說得文雅一點，金明池就是北宋最著名的別苑，通俗點說就是皇宮御花園……的大水池子。

據記載，這金明池周長約九里三十步，直徑七里許，換算過來，即外圍一邊的邊長約有4.8千米，而中間圓形池子的直徑約有3.5千米。中間有一座拱橋，像飛虹一樣，連接著岸邊和池中心；靠近池心的橋頭，是五殿相連的寶津樓，水中還有各種奇花異石，兩岸栽種著各種雅致的植物，是一個很華麗的皇家別苑。

這金明池最開始並不叫金明池。太平興國三年，宋太宗親自來工地視察這池子的建造進度，為其賜名，從此之後才有了「金明池」的大名。這池子最開始也不是修給宮裡的王公貴族們消暑玩耍之用，而是一個實打實的軍事基地，是打算修建給水軍用來開展水戰演習的。到了政和年間，宋徽宗在金明池裡面又是修建宮殿，又是春天攜著各種家眷臣子遊玩一番，夏天來看個表演的，最終不再提及「水戰」一事，而改成了觀看水戲的地方。

（ps:此時不得不插一句，當皇帝也不能玩物喪志啊，心思都拿來玩了，看看後來被打得多慘，家裡有孩子的可得把這件事當成反面教材。）

一個人看戲連個交流的夥伴都沒有，自然沒意思。一小撮貴族們一起看表演，雖然可以嘮嘮嗑，但貴族較為講究，這表演到精彩的地方若氣氛沒到位，看著也不痛快。為了能有一個免費的氣氛組，同時又能發揚一下「與民同樂」的優良傳統和「走進基層」的進步思想，皇室決定從三月到四月初八，在金明池畔草長鶯飛、花紅柳綠、春意盎然、夏至未至的時候，對普通百姓敞開大門，允許他們進入金明池遊覽，一同觀賞水戲。要不是北宋皇室如此有格局的做法，我等平民也沒機會在這看攻略，想著怎麼進去遊玩了。

2 攻略項目：眼花繚亂的「水戲」

　　一年才一次，一次才一個半月，還是進入皇家園林，這樣的機會當然是全城哄搶。據說這時候通往金明池的路，都是堵得水泄不通。金明池兩岸人頭攢動，無論什麼階層的人，無論坐車的、騎馬的還是走路的，都蜂擁到金明池去看水戲。擁擠程度怕是堪比現在黃金週的旅遊景區。當然，宮中貴人們看戲的地方自然是守衛森嚴，岸邊綠地卻是百姓們可以自由觀賞的區域。除了能暢遊皇家園林好出去吹噓炫耀一番外，另一個吸引大家的重要原因就是這裡的「水戲」。

　　金明池的水戲一年一屆，定期舉行，有水戰、百戲、競渡、水鞦韆、龍舟，還有最重量級的壓軸表演：水傀儡。想不到吧，宋人居然這麼會玩，這表演的精彩程度比起今天的各種大戲可是毫不遜色啊。

　　（一）水戰：畢竟金明池建造的初衷就是為了模擬水戰，水戲以水戰打頭也算是不忘初心。顧名思義，這水戰就是雙方在水上模擬交戰，當然作為一個觀賞節目，火藥味會淡很多，娛樂炫技的成分多一點。或許這也是想給開封的百姓一點「錯覺」——我們大宋還是很能打的。

　　（二）百戲：這個是水師表演的娛樂節目，據說有「大旗、獅豹、掉刀、蠻牌、神鬼、雜劇」，池上宮殿聳立，四周彩旗翻飛，頗有一種在水上唱大戲的感覺。但這劇目會更加親民，動作也會更加活潑。

　　（三）競渡：簡單來說，就是游泳比賽，不要問游泳比賽有啥好看的，看奧運會的時候游泳比賽難道看得不開心嗎？當然，宋人可不是簡單比個游泳速度，還得玩點花樣。據說一種時髦的玩法就是，把銀質的精美小盒子之類的東西丟進波浪翻湧的金明池裡，參加競渡的選手不僅要游得快，還得搶到漂浮在水中的銀盒。小盒子在陽光下隨意漂浮，在水中若隱若現，一群平時看著很無趣的俊男在浪花中上下撲騰，直到有人捧著戰利品出水，發出喜悅的歡呼。這

樣的比賽，當然觀賞性十足。

（四）水鞦韆：這個項目可有點類似今天的花樣跳水了，還不是跳臺定點跳，至少也是跳板等級的。當然，名為水鞦韆，自然和鞦韆也有點關係。宋人用兩艘大的畫船，在上面高高地立上鞦韆，隨後兩隊人馬從鞦韆上翻著筋斗跳下，落入金明池中，既充滿技巧性，又有很強的觀賞性。

（五）龍舟：自先秦屈原投江後，就有了端午龍舟一說。這麼熱門的項目，水戲當然少不了。大家都知道畫界名人張擇端，他因為一幅《清明上河圖》一畫成名，成為宋代叫得上名號的畫家，還被寫入歷史書中。但其實除了《清明上河圖》外，老張還有一幅畫，名叫《金明池爭標圖》，講的就是這金明池上賽龍舟。

老張的畫中，十一艘中間五層、頭尾三層的龍舟整齊排列，舟頭正對著湖心的臨水殿，殿前立有標杆，龍舟蓄勢待發，都欲第一個到達殿前，摘下標杆。絕對能看得人熱血沸騰。

金明池爭標圖

3 *CONGLUE* 特色體驗：百聞不如一見的「水傀儡」

這傀儡戲，大家可能不那麼明白，但要說木偶戲想必大家都清楚。傀儡戲在華夏有很長的歷史積澱，早在漢代，就已經有了關於傀儡戲的記載，於是在漫漫的時間長河中，創新的古代藝術家不斷革新，發展出了各式各樣的傀儡戲。這水傀儡就是其中一種，顧名思義，是在水上表演的傀儡戲。

在金明池的臨水殿附近，列著兩艘船，是專門的音樂部門，負責水傀儡的背景音樂。旁邊的船上面有一個小小的彩繪小樓，下面開著三個小門，正對著金明池的池水，那裡就是傀儡棚。

等到正式開演，樂師奏樂，中間的彩門打開，裡面會出現一個栩栩如生的小木偶人，致開幕詞。然後大家會看到小船駛出，上面坐著一個白衣的垂釣老人，在他身後是一名拼命划船的侍童，搖著槳讓小船在水中打圈，老者的魚竿輕晃，釣起一條活的小魚。音樂奏得更歡快了，侍童在音樂聲中將小船劃回了彩棚裡。不一會兒，又有舞女翩躚起舞，雜耍的小人戲耍彩球，在水上翻飛。直到戲全部演完，唸白結束，停止奏樂，或許你才能反應過來，剛剛那些畫面，竟都是偃師操控著木偶完成的。

這樣精緻的水傀儡，要不是財大氣粗的皇帝撥款，平時根本看不到哦。

另外悄悄給大家分享本人的觀戲心得：如今跳水夢之隊之所以那麼厲害，或許是因為祖先早就在研究跳水這回事啦。當時金明池的各類水上項目，催生了一批專業的「職業弄潮選手」，或許也為現在的各類水上競技項目打下了一個不錯的基礎呢。所以這次的攻略真的超值哦。

*4*ONGLUE 活動說明：VIP套票使用說明

　　本次VIP五折套票全部是緊鄰皇家觀賞席的一排岸邊席位，套票不記名、不掛失、不兌現。

　　套票包括：金明池VIP席位入場券1張、水戲觀賞（含水傀儡）、開封特色小吃包子套餐（薄皮春繭包子、水晶包兒、筍肉包兒）。

　　套票不包括：前往金明池的交通費、和偓師或弄潮兒的繪畫留念費、購買水傀儡伴手禮的費用。

　　你心動了嗎？轉發本篇攻略至臉書，收集點讚並截圖私訊粉專，就有機會獲得五折套票哦！趕快行動吧！

金明池VIP席位
入場券

岸邊

H003

套票

注：套票不記名、不掛失、不兌現。

快去轉發攻略
拿套票啦！

TITLE

雅宋美人集

STAFF

出版	瑞昇文化事業股份有限公司
作者	顧閃閃 等
創辦人 / 董事長	駱東墻
CEO / 行銷	陳冠偉
總編輯	郭湘齡
責任編輯	張聿雯
文字編輯	徐承義
美術編輯	謝彥如
校對編輯	于忠勤
國際版權	駱念德　張聿雯
排版	洪伊珊
製版	明宏彩色照相製版有限公司
印刷	龍岡數位文化股份有限公司
法律顧問	立勤國際法律事務所　黃沛聲律師
戶名	瑞昇文化事業股份有限公司
劃撥帳號	19598343
地址	新北市中和區景平路464巷2弄1-4號
電話	(02)2945-3191
傳真	(02)2945-3190
網址	www.rising-books.com.tw
Mail	deepblue@rising-books.com.tw
初版日期	2023年7月
定價	360元

國家圖書館出版品預行編目資料

雅宋美人集 = Fashion beauty / 顧閃閃等著. --
初版. -- 新北市：瑞昇文化事業股份有限公司,
2023.07
208面；16.9x23.4公分
ISBN 978-986-401-644-0(平裝)

1.CST: 社會生活 2.CST: 生活史 3.CST: 宋代

635   112009275